낱말들 사이에서
쉴 곳을 찾다

Finding a resting place among words.

세종출판사

차례

생각 레시피

011_생각 레시피
014_슬픔 백신
019_쉘 위 댄스?
023_세브란스 안과 세미나
029_어머님의 적당히

그림자 놀이

035_그림자놀이
039_탱화와 숭늉
046_시각의 교집합
050_별이 된 오란씨
056_시간이 달리는 이유

차례

눈물 실린더

061_눈물 실린더

063_라이언 일병 구하기

068_그들은 누구인가

073_할매가 부른다

079_윷놀이 방정식

양심 부적

087_양심 부적

092_바다에 마음을 담그다

097_나의 방구석 아지트

101_빨래하기 좋은 날

105_친구라는 거울

시작 본능

111_시작 본능

115_행운 꼬시기

119_미래 사냥

122_푸른 보석 상자

127_나무 되기 연습

Tanghwa and Soongnyoong

133_Tanghwa and Soongnyoong

140_Tear Cylinder

144_Time In Running

147_Sadness Vaccine

153_Severance Eye Hospital Seminar

들어가는 말

처음 그녀를 본 것은 오래전 어느 흑백 사진에서였다. 길게 풀어 헤친 머리, 투박한 남성용 정장 구두를 신고서 의자에 다리를 벌리고 앉아 담배를 피우는 그녀의 모습은 뭇 남성들보다 강하고 힘이 있었다.

문화 잡지에서 또 한 번, 그녀를 발견했다. 이번에는 화사하고 아름다운 꽃 같은 모습이었다. 그녀의 모습과 함께 적힌 그녀의 말은 내 심장을 꼭 쥐고 흔들어 댔다.

> 나는 내가 세상에서 가장 이상한 사람이라고 생각하곤 했지만,
> 세상 많은 사람 중에 나처럼 기괴하고 결점이 많다고 느끼는 사람이
> 분명히 있을 거라고 생각했어요.
> 나는 그녀를 상상하고 그녀 역시 나를 상상하리라 생각했죠.
> 당신이 어딘가에서 이걸 읽고 있기를 바랄게요.
> 맞아요, 그래요. 내가 여기 있어요.
> 나도 당신만큼이나 이상하답니다.

정신을 차리고 보니 어느새 『프리다 칼로』(반나 빈치 지음, 미메시스/2019)라는 책이 내 손에 들려있었다.

어릴 적 나는 내성적이고 소극적인 데다 부끄러움도 많이 탔다. 주목받는 것을 극도로 싫어했다. 그러다 찾게 된 최고의 친구는 책이었다. 매일 교실 귀퉁이의 책장 앞에 앉아 책을 읽다가 하교했다. 집에서는 또 다른 책 친구들을 만났다. 만화든, 백과사전이든, 소설이든 닥치는 대로 읽었다.

혼자만의 시간에 흠뻑 빠지다 보니 자연스레 친구들과의 대화가 줄고 혼자만의 대화 시간이 길어졌다. 교우관계가 썩 좋지 못했다. 친구들이 말을 붙이면 어찌 반응해야 하는지 몰라 가만히 있다가 '왕따'를 당하기도 했다. 계속되는 나의 느린 반응에 화가 났었나 보다. 그 후로 친구들과 말을 섞는 것이 더욱 두려워졌다.

언니들의 말에 따르면 나는 조금 이상한 아이였다. '왕따'를 당하고도 집에 와서는 책을 읽고, 홀로 가사를 만들어 흥얼거리는 등의 무언가에 열중하며 놀았다고 했다. 겁도 많고 눈물도 많았지만, 몸을 다치는 데에는 크게 두려워하지 않았다고 한다. 백과사전을 보다가 펼쳐진 책 끝에 손가락을 쓱 대어보다가 피가 줄줄 흐른 적이 있다고. 왜 그랬느냐고 물으니, 손가락이 종이에 베일 수 있는지 궁금했다고 말하더란다. 깨끗이 닦으려고 창틀에서 빼서 책장 앞에 세워둔 유리를 발로 밟은 적도 있다. 그때도 진짜 유리가 깨지는지 궁금해서 그랬다고.

사실 나는 내가 이상한 사람이라고 생각해 본 적이 없다. 그런 말을 들어본 적이 많아서 그렇지. 이상하다는 건 나쁜 게 아니다. 그게 뭐 어떻다는 건가? 말 그대로 그저 조금 다르다는 것일 뿐. 그렇다고 고민해 보지 않은 것은 아니다. 그 고민의 흔적으로 일상을 평범하게 잘 살아가고 있지 않은가. 너무 튀지도, 또 너무 지루하지도 않게. 어찌 보면 프리다 칼로의 작품에서 드러난 색처럼, 모두가 자신이 원하는 색을 찾기 위해 이리저리 물감을 뿌려보는 행동을 하는 것일지도 모른다. 제일 마음에 드는 색을 찾을 때까지. 그 와중에 조금이라도 비슷한 색을 가진 사람들끼리는 알아볼 것이다. 내가 프리다 칼로, 그녀의 색에 적잖은 동질감을 느끼는 것처럼.

내가 그녀를 펼쳐 본 것처럼, 나를 펼쳐 보이는 기회를 가지게 되어서 감사하다.

2024년 12월
김선영 올림

1

생각 레시피

Thought Recipe

생각 레시피

오래간만에 감자볶음을 한다. 감자와 양파, 그리고 당근을 차례로 꺼내어 흐르는 물에 씻어낸다. 못생긴 감자와 잘 빠진 당근은 칼로 긁어 껍질을 벗기고 통통한 양파는 옷을 벗긴다. 큰 그릇을 꺼내어 씻은 채소를 함께 담는다. 도마를 꺼내고 칼을 찾는데 '툭' 소리에 고개를 돌린다. 긴 당근이 그릇 안에 들어가지 않아 위에 얹어 두었더니 굴러서 떨어진 모양이다.

가만가만. 그릇이 작았나? 아니다. 당근이 길어서다. 당근을 반으로 잘라서 넣으니 한 그릇에 다 들어간다. 자르는 김에 크기가 제법 큰 감자도 반으로 잘라서 넣는다. 그렇지. 그릇이 작은 탓이 아니다. 재료가 큰 탓이다.

채소에 물기가 좀 빠진 듯 하니 이제는 채를 썰 차례다. 서걱서걱. 칼을 바삐 움직이며 모두 채를 썬다. 재료별로 접시에 담고 프라이팬을 가스레인지에 올리고 '탁'하고 불을 붙인다. 기름을 두르고 조금 있으니 스르릉 스르릉, 팬이 준비되었다는 신호를 준다. 감자를 먼저 넣는다. 자글자글. 기름과 물이 만나는 소리가 요란하다. 다음으로 당근과 양파를 넣는다. 아차. 간을 안 했다. 얼른 소금과 후추를 뿌린다. 조금 있다가 깨소금도 흩뿌린다.

사람마다 각자의 그릇이 다르다고 했다. 그릇의 크기에 따라 사람의 됨됨이를 평가했다. 문득, 그릇의 크기가 달라서가 아닐 수도 있다는 생각이 든다. 사람의 그릇의 크기는 어쩌면 모두 비슷한데, 생각의 모양과 크기가 달라서 각자의 그릇 안에 모두 들어가지 않는 것일지도 모른다. 온종일 큰 감자만 생각하면 당근을 담을 생각의 공간이 없다. 또, 뾰족한 모양을 그대로 담으려고 하면 그릇에 들어가지 못하고 굴러 떨어질 수도 있다.

생각의 모양이 조금만 변하면 그릇 안에 안전하고 예쁘게 들어간다. 생각 재료의 형태가 요리될 수 있도록 알맞은 크기가 되면, 그것으로 어떤 요리든 만들어 낼 수 있다. 어떤 생각은 채를 썰어야 할 때가 있고 또, 어떤 생각은 적당히 깍둑썰기 해야 할 때가 있다. 담은 모양 그대로 두면 요리로 바로 쓰기가 쉽지 않기 때문이다. 잘 정리된 생각으로 감자볶음처럼 간단하지만, 맛있는 생각 요리도 만들 수 있을 것이다. 조리 있고 재밌는 이야기는 얼마나 맛있는가.

생각을 씻어 담거나 요리를 위한 모양으로 만들기 위해서는, 혼자서 생각을 정리하거나 누군가와 이야기를 나누는 연습이 필요하다. 산책하며 사색하거나 친구나 가족과의 담화도 좋다. 내 안에 들어가지 않던 생각을 틈틈이 정돈해서 예쁘게 담아 놓으면, 언제든 쓸 수 있는 간단하고 맛있는 '생각 레시피'의 재료가 될지도 모르니까.

슬픔 백신

TV를 자주 보는 편은 아니지만, 〈슬기로운 의사생활〉은 꼭 보아야 했다. 자매들은 이미 다 보았기 때문에, 자매들끼리의 더욱 유연한 대화를 위해서 반강제의 권유가 있었다. 진작부터 배우들이 마음에 들어 보고 싶은 마음은 컸었지만, 이 '의학 휴먼 드라마'가 내 안의 안타깝고 슬픈 감정들을 끄집어낼 게 당연하기에 미루고 미루었었다. 판도라의 상자처럼 마지막에는 희망이 존재할 것을 예상하지만, 그 희망을 찾기까지의 과정이 힘들 거라는 것 또한 예상되기 때문이었다.

더 이상 미룰 수 없어, 자그마치 한 편당 1,500원에 시즌1을 연속으로 시청하기로 마음먹고 리모컨을 눌렀다. 슬픈 예감은 언제나 적중한다고 했던가. 1화부터 입술을 꼭 깨물고 눈물을 주룩주룩 쏟아내며 휴지로 여러 번 얼굴을 짓

이겨 닦았다. 아빠의 암 발견, 수십 번에 걸친 언니의 눈 수술, 또 갓 태어난 조카의 심장 수술 때도 보호자로서, 가족으로서 병원에서 보냈던 지난 시간이 절대 짧지 않았다. 드라마의 현실적이고도 가슴을 쥐어짜는 이야기에 완벽하게 공감할 수밖에 없었다. 가슴이 저릿해 가슴께를 툭툭 쳤다. 슬픈 장면만 있었던 것은 아니었다. 한바탕 눈물을 흘리다가도 희망적인 소식에 함께 기뻐하고, 구석구석 재미있는 포인트에서는 웃음이 터져 박장대소했다. 누군가 지켜보는 이가 있었더라면, 심각하게 괜찮으냐고 내게 물었을 것이다. 어쨌거나 내 마음을 들었다 놓았다 하는 이야기에 고개를 힘차게 끄덕이며 나도 모르게 저절로 길고 긴 골수팬 대열에 줄을 섰다.

드라마를 보다가 중간쯤, 문득 스쳐 가는 생각은 '아, 다행이다.'라는 위안이었다. 과거야 어쨌든 지금은 우리 가족 모두가 웃음을 잃을 만한 심각한 아픔 없이 건강하다는 사실이, 또 혹여나 누군가가 크게 아프게 되더라도 이전처럼 같이 버티고 이겨내 줄 사랑하는 가족들과 친구들이 있다는 사실에 가슴을 쓸어내렸다. 아, 이래서 돈을 주고 슬픔을 맛보는 걸까?

얼마 전 읽은 김초엽의 『우리가 빛의 속도로 갈 수 없다면』

이라는 책 안의 짧은 소설 「감정의 물성」이 생각났다. 굳이 슬픔과 분노라는 감정을 사들인다는 생각은 해본 적이 없었다. 어느 누가 슬프고 우울한 감정을 돈으로 사겠는가? 하지만 김초엽의 글에서는 사람의 감정을 사물에 주입하여 직접적으로 느낄 수도, 만질 수도 있도록 이야기가 구성되어 있다. 물건 안에 감정을 자극하는 화학 성분을 주입함으로써, 물건을 만지거나 가까이에 있으면 그 감정을 바로 느낄 수 있다. 짧은 소설이었지만, 글 속의 말처럼 우리에게는 기쁨의 감정만 있을 수 없으며, 그 반대의 감정 또한 당연한 듯이 자연스레 대가를 지불하고 사들이고 있었다. 아프지만 추억이 깃든 감정, 슬픔이 스며들어 있지만 성장이 되는 감정조차도.

소비가 항상 기쁨에 대한 가치를 지불하는 행위라는 생각은 이상합니다. 어떤 경우에 우리는 감정을 향유하는 가치를 지불하기도 해요. 이를테면, 한 편의 영화가 당신에게 늘 즐거움만을 주던가요? 공포, 외로움, 슬픔, 고독, 괴로움… 그런 것들을 위해서도 우리는 기꺼이 대가를 지불하죠. 그러니까 이건 어차피 우리가 늘 일상적으로 하는 일이 아닙니까?

- 김초엽,『우리가 빛의 속도로 갈 수 없다면』, 허블(2019)

돈을 주고 산 슬픔은 백신처럼 눈과 귀를 통해 내 마음에 들어와 슬픔에 대항하는 면역력을 조금씩 키워낸다. 한방의 따끔한 슬픔으로 길게 행복할 건강한 정신을 깨우치고 지속하게 하는 것이다. 기-승-전-행복. 살아가면서 우리가 하는 모든 이야기와 대화는 행복을 찾기 위해서 펼쳐진다. 우리 자신의 행복한 미래를 위해 돈을 지불해서라도 영화나 드라마로 슬픔과 좌절 등을 미리 맛보는 것이다. 〈슬기로운 의사생활〉과 김초엽의 「감정의 물성」이라는 글을 통해서, 슬픔이라는 백신을 맞고 절박한 상황에서도 끝까지 희망을 잃지 않도록 용기 내 본다. 즐겁기만 한 드라마나 영화보다도 더 절실하게 슬픔에 대한 면역력을 끌어내어 줄 최상의 백신들과 함께.

쉘 위 댄스?

거실에는 여러 국적을 가진 사람들이 북적이고 있었다. 그날은 린다의 생일이었다. 린다는 덴마크인으로 나와는 친한 친구이다. 그녀가 주관하는 파티에서는, 처음 만나거나 몇 번의 눈인사만 했던 사람이라도 빠른 시간 내에 모두 친숙해졌다. 마법 같은 그녀의 능력에 모두 지루해할 틈이 없었다.

신나게 게임을 하며 놀다 보니 밤이 늦어버렸다. 집으로 가자며 모두 코트나 재킷을 집어 들었다. 그때 린다가 나에게 춤추러 클럽에 같이 가겠느냐고 물었다. 상큼한 얼굴로 '자유'를 맛보여주겠다고 했다. 듣기만 해도 생소하고도 취할 것 같은 단어, 클럽. 그 북적이는 곳을 가자며 내 팔을 잡았다. 파티에서 한 방울의 술도 입에 대지 않았던 나는, 자유라는 단어에 취해 그 어두운 동굴 속으로 들어가게 되었다.

어두웠다. 쉴 새 없이 번쩍이는 빛을 제외하고는 깜깜해서 아무것도 보이지 않았다. 여기서 다들 뭘 하는 걸까? 살짝 찌푸린 얼굴로 기다란 바 테이블 옆에 팔짱을 끼고 삐딱하게 기대어 섰다. 점점 어둠에 익숙해지고 번쩍이는 찰나의 빛으로 사람들의 움직임이 보였다. 그때 한 몸치를 발견했다. 어허허. 저렇게 박자를 못 맞추기도 힘든데. 그 사람을 쳐다보고 있으니 안타까우면서도 왠지 신이 났다. 그러다 그 사람의 미소에서 자유를 찾고야 말았다. 음악 소리가 그의 몸짓을 타고 피어올라 미소가 되었다. 그의 모습에 내 안의 용기가 솟아올랐다.

나는 어둠 속으로 전진했다. 복잡한 틈새에서 눈을 감고 소리를 느꼈다. 그리고 뼈가 없는 사람처럼 팔을 마구 털어대다가 무릎을 앞뒤로 움직였다. 음악에 몸을 싣는다는 표현이 어떤 것인지 느껴졌다. 바람 따라 움직이는 풍경의 추처럼 그렇게 몸을 너울거렸다. 그 많은 사람 속에 있음에도 혼자인 것 같았다. 아니, 음악과 나, 둘만 있는 것 같았다. 얼마나 지났을까. 린다가 내 팔을 잡아채고 목마르지 않으냐고 묻기 전까지 나는 그저 바람이었다. 눈을 뜨니 온몸이 땀에 젖어있었다. 물보다 움직임에 더 목이 말랐다. 자정이 넘어가자, 클럽에는 사람이 너무 많아졌다. 더 이상 움직일 공간이 없어 나는 집으로 먼저 떠났다.

씻고 잠자리에 누웠다. 손을 얼굴 위로 들어 올려 손가락을 꼼지락거렸다. 이성에 의해서만 움직이던 내 몸을 음악에 맡겼더니 잠시 자유를 느낀 듯했다. 피식. 웃음이 나왔다. 흘러넘치는 움직임의 열정을 지배하고 싶어 춤을 배운 적이 있었다. 하지만, 온몸이 눈물을 한바탕 쏟아내어도 모든 춤 동작을 따라가기가 버거웠다. 그때부터, 나에게 춤은 내 마음대로 되지 않는 몸의 움직임일 뿐이었다. 그런데, 음악의 흐름을 따라 나풀대던 내 움직임을 보니 꼭 그렇지도 않았다. 잘 해내고 싶은 내 욕심 때문에 그동안 몸을 너무 구속했나 싶어 미안해졌다. 어쩌면, 몸이 아니라 마음을 구속했는지도 모르겠다. 힘을 조금만 빼고 자유로이 놓아주면 되었을 텐데.

달리기 선수처럼, 출발 총성이 날 때 근육 속에 함축된 힘을 극도로 끌어올려 뛰어야만 성공을 맛볼 수 있다고 생각하며 살아왔다. 모든 일에는 그만큼 최선을 다해야만 한다고 나를 채찍질하며. 그것이 열심히 사는 거라고 생각했다. 그게 꼭 틀렸다고 생각하지는 않는다. 다만, 힘을 조금 뺐을 때 느껴지는 여유와 재미를 맛보니, 출발 총성 없이도, 삶이라는 동네 한 바퀴를 웃으며 뛸 수 있겠다는 자신감이 생겼다.

잘해야 한다는 부담을 덜고, 주변을 둘러보며, 달리고 있는 그 순간을 즐길 줄 알면 된다. 그래서 힘을 약간 빼고 싶은 날에는, 그때의 감각을 되살려 시작도 끝도 없이 홀로 몸을 흔들어대곤 한다. 기분 좋은 음악만 있으면 되었기에 눈을 감고 음악을 느낀다. 자유로운 움직임은 마음에 닿고, 이에 신이 난 마음도 함께 너울댄다.

세브란스 안과 세미나

서울행 기차가 매끄럽게 출발했다. 4인 가족석에 앉은 네 자매는 마치 종교의식을 시작하듯 깨끗하게 손을 닦았다. 부스럭 부스럭. 냠냠, 쩝쩝. 분명 입맛이 없다고들 한 거 같은데, 중앙 테이블에 놓인 샌드위치며 김밥은 빠른 속도로 없어지고 있었다. '김밥이 맛이 있네.', '샌드위치 가격이 비싸네.' 하면서도 자연스레 디저트로 먹을 과자와 과일도 꺼내 놓았다. 이 와중에 장염에 걸린 막내는 나중에 먹을 거라며 자기 몫의 과자는 봉지에 따로 담아 달라고 했다. 끊임없는 네 자매의 잔잔한 웃음소리가 기차 바닥부터 겹겹이 쌓이고 있었다. 기차의 목적지는 서울, 우리의 목적지는 서울 세브란스 안과였다.

작은언니는 어릴 때부터 눈이 아주 나빴다. 대학교를 졸업하자마자 바로 라식수술을 했다. 그 부작용으로 십여 년

넘게 안압 조절 약을 눈에 넣어야 했다. 그러다 임신으로 약을 멈추자, 녹내장이 발생했다. 녹내장을 진단받던 시기에 배 속에 있던 조카의 심장 이상 진단도 함께 받았다. 녹내장 진행이 빨라져, 임신 중이라 진통제 투여도 못 하는 상태에서 한쪽 눈을 수술하게 되었다.

네다섯 번의 수술 후, 조금씩 희망이 보이는 듯하였으나, 그 후 무려 스무 차례가 넘는 수술을 받게 되었다. 몇 년 전에는 왼쪽 눈의 시각세포가 급격히 줄어 각막이식을 시행했지만, 희망은 어두운 회색으로 변했다. 녹내장 진행을 늦추고자 하루도 빠짐없이 대여섯 가지 약을 시간마다 챙겨 넣으며, 지금껏 수술과 치료를 반복 중이다. 언니가 보는 세상은, 누군가 멋대로 쳐놓은 암막 커튼 사이로 낡은 필름이 상영되고 있는 것과 같다. 이제는 남은 빛마저 점점 사그라들고 있다.

대신 아파해 줄 수도 없어, 병원을 따라다니는 작은 버팀목을 자처한 지도 십삼 년이 넘었다. 시간은 기차의 속도만큼이나 빠르게 지나갔다. 오늘 서울로 진료를 가는 이유는 조그만 희망의 씨앗이라도 얻어 올 수 있을까 해서다. 희망과 좌절을 굴레처럼 반복했지만, 이번에도 희망 쪽으로 굴러가지 않을까 하는 자그마한 기대였다. 본래 목적은 병원 진료였지만, 작은 언니의 생일파티를 겸한 것이었다.

병원은 팔 년 전과 조금 달라져 있었다. 효율적으로 환자를 받을 수 있도록 실용적이면서도 화려한 병원이 되어 있었다. 중앙에 걸린 샹들리에 조명을 보며 언니의 눈도 샹들리에처럼 밝아지면 좋겠다고 생각했다. 다니고 있던 병원에서 받은 CD를 등록하고 진료를 기다렸다. 대학 병원 진료는 보통 대기 시간만 세 시간 정도이기 때문에 지루함과 약간의 초조함은 필수다. 오늘은 네 자매 모두가 대기 의자에 옹기종기 붙어 앉아 그 시간을 소소한 수다로 채웠다. 나는 작은언니 옆에 앉아 의사 선생님께 질문할 내용을 정리해서 메모했다. 환자 본인은 긴장이 되어, 정작 하려던 질문을 놓치는 경우가 많기 때문이었다.

"지금 상태에서는 저희가 해 드릴 수 있는 것은 없습니다. 약을 몇 가지 바꾸고 진행 상황을 지켜볼 수는 있지만요. 다음 달에 오시면, 그때 어떤지 보시죠." 의사 선생님의 한마디에 희망은 허무할 정도로 빠르게 사라졌다. 우리는 서운함을 서로 숨기며 진료실에서 나왔다. "혹시나 하고 오긴 했는데, 이번에도 다른 방법이 없으면 포기하리라는 마음으로 와서 그런지 마음이 정리가 좀 되네." 작은언니의 말에 우리는 잠시 침묵했다. "그래. 마음이 편한 쪽으로 생각하는 게 제일 좋다. 잘 생각했다." 큰언니가 작은언니의 손을 잡으며 말했다. "아, 눈만 보였어도 어떻게 해보는 건데. 이제 미스코리아는 물 건너갔네." 작은언니의 너스레에 우리는 웃으며 병원을 나왔다.

처음 수술할 때의 불안함과 초조함은 더 이상 언니에게서 볼 수 없다. 지금 언니의 모습은 평안해 보일 정도다. 그렇다고 해서 위로가 필요 없는 것은 아니다. 이 평화는 단순한 평온이 아니다. 오랜 시간 병을 앓고 있는 사람이 강인하고 평온해 보이기 위해서는 필사적인 노력이 필요하다. 받아들이고 싶지 않은 현실로부터 짓밟혀도, 포기하고 싶은 마음을 견뎌낸다. 견디는 것과 아프다는 것은 별개다. 잘 견디는 이도 아프다. 그저 그것을 안고 살아갈 뿐이다.

늦은 점심을 먹고, 커피를 마시며 웃고 떠들다 부산으로 돌아가는 기차를 탔다. 기차 안에서는 농담이 이어졌고, 박장대소하며 눈물도 흘렸다. 경험이 주는 안정감일까. 섣불리 고개를 든 희망이 또다시 고개를 푹 숙였음에도 쉽게 기죽지 않았다. 대신 또 다른 희망이 태어났다. 함께라면, 척박한 자갈길이라도 조금은 덜 무거운 마음으로 헤쳐 나갈 수 있을 거라는. 우리의 웃음은 마음에서 흐르는 눈물을 서로 닦아주는 손수건이자 응원이 되었다. 기차에서 내린 후, 우리는 오늘의 여정을 '세브란스 안과 세미나'라고 이름 지었다. 키득거리며 기념품으로 인공 눈물을 하나씩 나누어 가졌다. 집으로 향하는 길에 부드러운 바람이 불어와 우리의 머리칼을 흩날렸다. 마치 우리를 쓰다듬어 주듯이.

우리의 웃음은
마음에서 흐르는 눈물을
서로 닦아주는
손수건이자 응원이 되었다.

어머님의 적당히

"어머님, 나물에 간장을 얼마나 넣을까요?"
"적당히."
"네? 이만큼요?"
"아니."
"이만큼 더요?"
"조금만 더."
"이만큼요?"
"어, 그 정도면 되겠다. 나중에 먹어보고 좀 더 넣던가."

그때 진땀 났던 '적당히'를 유난히 떠올리는 요즘이다. 요리에서 적당히 넣는 재료나 소스는 음식의 간을 살려 빛나게 한다. 이제는 요리에 있어 얼마만큼이 적당히 인지 조금은 안다. 어머님 말씀대로 싱거우면 더 넣으면 된다고 생각해서 그런지 자신감이 생겼다.

입맛은 가정에서 길든다. 싱겁게 먹는 집에서는 싱겁게, 짜게 먹는 집에서는 짜게, 반찬이 그저 있는 대로 먹는 집은 그렇게. 맛있는 걸 찾아다니는 집은 또 그런대로. 각 가정의 방식으로 맛을 찾는다. 인간관계도 그런 것 같다. 가족이 서로 이해하는 방식이로 타인을 이해하게 되는 것 같다. 몇몇 소수의 사람과 아주 가까이 지내는 사람이 있고, 다수와 사이좋게 지내되 싱겁게 지내는 사람도 있다.

사회생활을 하면서 음식을 사 먹다 보면 짠맛에 좀 더 길든다. 인간관계의 짠맛과 매운맛도 그러하다. 음식처럼 인간관계도 눈물이 찔끔 날 만큼 짜거나 매운맛을 느낄 수도 있다. 너무 가까워도 실망이라는 매운맛을 느끼게 되고, 너무 멀면 맛이 영~심심해진다. 그러면 다시 매운맛을 찾거나 또는, 다시는 찾지 않을 수도 있다. 어떤 사람과는 싱겁게 관계를 유지하고, 또 다른 사람과는 매워서 눈물을 흘리더라도, 진하고 끈질기게 우려내는 관계를 만들기도 한다.

한 성인으로서 자리를 잡게 되면서 선호하는 자신의 맛을 찾아가는 것 같다. 갖가지 양념처럼 여러 입장을 가진 사람들이 어우러져 자신이 맛을 내거나, 또는 반대의 입장이 되기도 한다. 혼자서는 내기 어려운 게 인간관계의 맛이다.

적당한 관계란 어떤 것일까. 어떤 계량기로도 관계의 정도를 잴 수는 없다. 각자의 입맛이 다르듯 적당함은 자신의 입맛에 맞게 조절하는 수밖에 없는 것 같다. 직접 사람들과 만나고 교류하면서 경험하며 관계의 맛을 조절하는 수밖에.

산다는 건 어머님의 '적당히'처럼 삶을 내 입맛에 맞게 적절한 맛을 만들기 위한 과정이 아닐까. 그런 의미에서 어머님은 음식도 삶의 관계도 적당히 맛나고 즐겁게 즐기는 법을 잘 알고 계시는 듯하다. 무엇보다도, 먹어보고 나서 다른 걸 넣으면 된다는 여유를 가지고 계시니 말이다.

2

그림자 놀이

Shadow Play

그림자놀이

뜨거운 여름 태양 아래 길을 걸어가다 잠시 나무 아래 선다. 좀 살 것 같다. 햇살이 비집고 들어오는 나뭇가지 사이를 잠시 올려다보다가 두 발 위로 드리워진 나무 그림자를 내려다본다. 친구들과 그림자밟기를 하며 놀던 때가 생각난다.

어린 시절 그림자는 놀잇감이었다. 친구들과 함께 그림자가 밟히면 술래가 되는 그림자놀이를 하곤 했다. 그림자가 길어지는 초저녁에 시작하면 술래가 자주 바뀌어 박진감이 넘쳤었다. 내가 술래가 되면 숨이 차도록 친구들을 쫓아가 그림자를 밟았다. 나도 곧 다시 잡히곤 했다. 그러다 해가 완전히 지고 밤이 모든 그림자를 삼켜버리면, 나마저 삼켜 버릴까 무서웠다. 나는 얼른 집으로 들어가자고 친구들을 졸랐었다.

이제는 그림자놀이를 하지 않는다. 그리고 더 이상 그림자를 삼켜버리는 어두운 밤도 무섭지 않다. 다만, 눈에 보이는 그림자가 아닌 내 마음에 그림자가 드리울 때면 문득 무서워지곤 한다. 그럴 때는 내 마음의 그림자와 그 그림자를 빠져나오고 싶어 하는 나, 둘이서만 그림자놀이를 한다.

어느 작가의 책을 손에 잡은 밤이었다. 가볍게 시작해 중간 정도만 읽고 잠자리에 들 생각이었는데 도통 그 글에서 빠져나올 수가 없었다. 사람의 내면을 이렇게 쉽게 표현할 수 있다니. 책의 마지막 페이지를 덮은 후, 두근거리는 가슴을 진정시키려고 물 한 잔을 마셨다. 난생처음으로, 좋은 글로 인한 충만함과 끓어오르는 질투심이 함께 솟아올랐다. 내 마음의 그림자에 잡히는 순간이었다. '나는 왜 이런 글을 쓰지 못할까?' 하는 열등감이 나를 진한 그림자 색으로 물들였다. '이 사람이 열심히 자신을 빛내는 동안 나는 무엇을 하고 있었을까?' 하는 자괴감이 색의 농도를 더했다.

잠자리에 누워 이불을 발로 차버렸다. 이불이 퍽 소리를 내며 힘없이 날아갔다. 죄 없는 이불을 날려버릴 시간에 사색이라도 좀 더 하면 좋았건만, 날아간 이불을 발로 찍어 누르며 그 밤, 한동안 질투에 사로잡혔다. 얼마간 글도 쓰지 않았다. 나태함이 정점을 찍었다.

시간이 지나 다시 글을 쓰기 시작할 무렵에는 '에이, 남들에게 재미없으면 좀 어때? 내가 쓰면서 재밌으면 된 거지. 계속 쓰다 보면 언젠가는 내게도 좋은 글이 나오겠지.'하는 밝은 마음이 들었다. 빛으로 한 발짝 내디디며 그림자에 술래를 넘겼다.

몸이 아프거나 심란한 마음 상태에서는 힘에 부쳐 그림자의 어둠에서 헤어 나오기 버거울 때가 있다. 그럴 때는 한참을 어둠 속에 웅크리고 있다가 '그냥, 이 어둠 속에 갇혀서 계속 있을까?' 고민하기도 한다. 그러다 다시 작은 빛을 떠올려 본다. 빛을 점점 더 키워 그림자 한 점 없는 밝은 세상을 생각해 본다. 세상은 온통 환하고 따뜻한 빛투성이겠지. 상상하니 눈이 부셔서 눈 하나가 저절로 감긴다. 눈에 보이는 어둠의 그림자도 마음의 그림자도 보이지 않으니, 한동안은 빛에 겨울 것이다.

이런 상태가 지속되면 눈부시고 따뜻한 것이 당연하게 여겨지지는 않을까. 너무도 당연해서 잃고 나서야 그것이 빛이었음을 느낄지도. 내 안의 질투, 좌절, 병약함 같은 어둠이 조금씩이라도 있는 것은 빛을 향해가는 안내표지일지도 모른다.

어느 정도 땀이 식었으니 가던 길을 계속 가리라 마음먹었다. 두 발을 탕탕 두 번 굴리고 나무의 그림자를 벗어난다. 햇살 속으로 나아가며 외친다. "이번에는 네가 술래다."

탱화와 승늉

  자동차 문을 열자마자 들리는 매미의 열렬한 환영 인사를 뒤로하고, 발걸음을 재촉했다. 땀에 젖은 손바닥을 마주하며 일주문 앞에 섰다. 아담하고 작은 연못을 지나가다 고요한 자태로 물 위에 떠 있는 수련에 잠시, 시선이 잡혔다. 몸을 돌려세우니 눈앞에 대법당이 보였다. 자꾸만 부산스럽게 움직이는 발을 꾹꾹 누르며 조심스레 신발을 벗고 법당 안으로 들어섰다. 법당 안에 발을 붙이는 순간, 시원한 바람이 뺨을 부드럽게 스쳤다. 바람의 손짓을 따라가니 부처님의 온화한 미소가 보였다. 법당 안을 가득 채운 황금빛에 눈이 부셔 잠시 눈을 감았다. 다시 눈을 뜨니 그제야 부처님 뒤에 아빠가 보였다. 황금색 선들이 화려한 춤을 추는 탱화가 큰 벽을 둘러싸고, 천정을 밝히는 연등 사이로 오색의 단청이 어서 오라며 나를 토닥였다. 툭. 가득 고여 있던 그리움이 터져 소리 없이 볼 위를 타고 흘러내렸다.

화선지의 양 끝을 두 조막손으로 곱게 잡고 머리 위 높이까지 들어 올린다. 작업 중인 아빠 옆에 서서 아빠의 지시에 따라 화선지를 한 장씩 척척 건네준다. 커다란 화선지 한 장을 건네면 아빠는 풀칠을 하고, 그사이에 나는 잽싸게 다른 화선지를 가지고 온다. 거실을 가득 채울 만큼의 크고 넓은 하얀 광목천 위로 내 키보다 큰 화선지가 여러 겹 붙여진다. 도톰해지는 광목천에 점점 힘이 생긴다. 이렇게 여섯, 일곱 겹 붙여지면 나무 부목을 댄다. 4개의 각을 만들어 직사각의 광목천 끝에 나무 부목을 붙이고 각 면의 끝을 부목에 감싸서 말아 넣는다. 있는 힘껏 팽팽히 당겨 주름을 편다. 거실 크기의 주름 없는 캔버스가 만들어진다. 창밖을 보니 어느새 어둡다.

사각사각. 4B연필 깎는 소리에 나도 아빠를 따라 연필을 하나 집어 든다. 부녀가 큰 캔버스 끝에 앉아 연필을 깎는다. 아빠의 연필은 검은 심이 아주 길고 투박하다. 내 연필은 벌써 세 번째 심이 부러졌다. 어느새 몽당연필이다. 아빠는 내 연필을 보고 피식 웃으며 광목 캔버스에 스케치를 시작한다. 고요한 정적 속에서 사사삭, 스스슥 하는 소리만이 들린다. 연필이 지나간 자리에 자비로운 미소도 보이고 무시무시한 얼굴도 보인다. "아빠, 이 무서운 얼굴들은 뭐야?" "그거? 부처님 보디가드지. 신장神將이라고 부르기도 하고." 사각사각. 또다시 연필이 검은 머리를 이리저리 흔들며 큰 캔버스를 가득 채운다.

한참 동안 앉은 자세로 엎드려 작업하던 아빠는 마른기침을 한다. 나는 쪼르르 그 길로 달려가 큰 사발에 담긴 숭늉을 가져온다. 중간마다 숭늉으로 목을 축이는 건 아빠의 오래된 습관이다. 아침에 압력밥솥으로 밥을 하고 나면 손수 한가득 숭늉을 끓여 놓았다. 물을 붓고 말이 달려가는 소리가 들릴 때까지 오래도록 팔팔 끓인다. 오늘도 아빠는 힘차게 달린 숭늉으로 갈증을 푼다.

일요일 아침, 늦잠에서 깨어 방문을 열었더니 순식간에 구리 구리한 냄새가 콧속을 파고든다. 나는 얼굴을 찌푸린다. 양은 냄비에 반쯤 녹아내린 아교를 나무젓가락으로 젓고 있던 아빠는 내 얼굴은 보더니 미안함에 '허허' 너털웃음 짓는다. 길고 못생긴 30센티 플라스틱 자 같이 생긴 아교는 뜨거운 냄비 안에서 형체 없이 녹아들어 간다. 연한 콧물 같던 색이 이내 투명해진다. 준비된 채색 가루와 섞으니 걸쭉한 물감이 된다.

"아빠, 다 검은색으로 칠할 거면서 그림은 왜 그린 거야?"
캔버스를 어둠, 그 자체로 만들어 놓은 아빠는 대답은 하지 않고 웃기만 한다. 아빠는 채색 그릇과 얇은 금박을 꺼내어 그릇 안에 개어 넣는다. 얇은 붓은 호화스러운 금을 끌어안고 캔버스 위에서 춤을 춘다. 며칠 전 연필이 해대던 그 춤사위로 자비로운 미소와 안광이 두드러지는 신장들을 다시 재연해 낸다. 얼굴만은 표정이 살아 있도록 채색이 곁들여진다. 암흑 속에서 빛나는 금색 선들은 전에 보던 오색찬란한 탱화들과 다르게 단순하면서도 강렬하다. 길고도 섬세한 작업은 며칠간, 길게는 몇 달간 지속된다.

"많은 시간을 들여 작업을 하시는데, 고생한다는 생각은 안 해보셨나요?"
"시간을 들인다는 건 마음을 들인다는 거지요. 탱화 작업에는 감사도 기도하는 마음도 들어 있겠지만, 무언가에 열중하면서 저의 복잡하고 성가신 마음이 정리가 되는 경우가 많아요. 금방 정리되고 잊힌다는 것은 그만큼 그리 중요하지 않았다는 거지요. 그렇게 소소한 흔들림이 없어지면 제가 원하는 큰마음만 남아서 나를 움직이게 하지요. 이렇게 마음을 여러 번 들이는 연습이 부처가 되는 연습인지도 모르겠네요."

9년 전, 미국인 친구 니키(Nicky)가 개인 다큐 제작을 하게 되어 내가 인터뷰, 통역 그리고 자막을 맡았다.

"자녀들에게 자신의 직업을 이어가게 하실 생각은 하지 않으셨나요?"
"글쎄요, 누구 하나라도 굳이 하겠다고 나섰다면 말리지 못했겠지만, 제가 원하지 않았어요. 외로운 직업이니까요. 깨달음을 위해 홀로 버텨내야 하는 시간이 길 수밖에 없으니까요."

스스로에게밖에 할 수 없을 질문을 수없이 홀로 묻고 대답할 수밖에 없었던 직업. 그렇게, 외로움이라는 범주 안에 있는 아빠를 바라보며 한동안 침묵했었다.

"아빠는 소원을 이룬 것 같네. 명예롭게 살다가 가고 싶다고 하더니. 사람들의 기도를 부처님과 함께 귀 기울여 듣고 있으니까, 말이야." 법당 밖을 나와 길을 내려오며 함께 갔던 큰언니가 말했다. 그 말을 듣자, 법당 안의 금빛 아지랑이들이 생각났다. 사람들의 간곡한 기도와 그것을 감싸 안고자 하는 마음이 한데 어우러져 있던, 그 포옹 같던 따듯함에 가슴이 뭉클해졌다. "그러게. 우리 아빠 참 좋은 일하네." 우리는 눈물자국 위에 미소를 덧그리며 천천히 걸어 내려왔다.

아빠의 기일이 다가왔다. 오랜만에 숭늉을 끓인다. 자글자글 밥이 눌어붙는 소리에 침이 고인다. 눌린 밥들의 아우성이 잦아들자 물을 붓고, 따그닥 따그닥 말발굽 소리가 들릴 때까지 팔팔 끓인다. 한바탕 달리기를 한 숭늉을 조금 식히고 큰 대접에 부어놓는다. 숭늉을 불에 올리고 기다렸다가 식혀서 마시는 이 시간만큼은 아빠와의 추억을 향으로, 맛으로 음미할 수 있어 좋다. 다시금 숭늉을 한 모금 마시며 남은 숭늉만큼, 추억을 좀 더 천천히 음미한다. 숭늉의 밥알이 입안을 돌다가 느릿하게 혀 위에 자리 잡는다.

시각의 교집합

아는 만큼 보인다고 했던가. 『Les îles』, 『섬』이라는 큰 한글 제목과 함께 눈에 들어온 프랑스어. 책을 집어 들었다.

이제 마침내 물루는 제가 좋아했던 정원에, 제 집으로 여기며 지냈던 정원에 묻혔으니, 쉬렌 근처의 섬에 매장되는 파리의 고양이들보다 더 행복하고, 아피에나 대로를 따라 자기네 시골 영지에 묻히는 부유한 로마 사람들만큼이나 행복하다.

- 장 그르니에, 『섬』, 민음사(1993)

어렸을 때는 묘지가 무서웠다. TV 시리즈 〈전설의 고향〉에서 밤잠을 설치게 했던 '내 다리 내놔라'부터 시작해서 묘지와 관련된 온갖 이야기들이 나를 두려움에 떨게 했다.

그 두려움은 사랑하던 가족을 잃게 되면서 사라졌다. 그리움에 찬, 침묵이 가득한 그곳을 자주 찾아간다. 이제는 그 침묵이 평화롭기까지 하다. 그 옛날의 두려움은 이제 친밀함으로 다가온다. 그의 말처럼.

영화 '해리포터'에서는 새로운 마차가 등장한다. 그 마차에는 말도 마부도 없다. 그저 마차만이 사람을 실어 나른다. 하지만 주인공 해리가 죽음을 본 이후로는 마차 주변의 기괴한 말들이 눈에 들어오기 시작한다. 뼈 위에 녹아 붙은 것 같은 검은 피부를 가진 말이 보이기 시작한 것이다. '죽음을 본 자'만이 볼 수 있는 말들이란다. 예전 같으면 징그럽게만 보였을 그 말이, 안쓰럽고 측은하게 느껴졌던 건 나도 해리와 같은 경험을 해서일까.

> 그러나 그 그칠 사이 없는 움직임의 대가를 받는 날이 찾아오는 것이니, 말없이 어떤 풍경을 고즈넉이 바라보고만 있어도 욕망은 입을 다물어버리게 된다. 문득 공속의 자리에 충만히 들어앉는다. 내가 지나온 삶을 돌이켜보면 그것은 다만 저 절묘한 순간들에 이르기 위한 노력이었을 뿐이라는 생각이 든다.
>
> - 장 그르니에,『섬』, 민음사(1993)

쓸쓸하지는 않지만, 왠지 담담한 그의 글 속에서 자꾸만 내 시선이 겹쳤다. 도망칠 수 없는 내 삶 자체에 묶여 발버둥 치는, 그 그칠 사이 없는 '움직임의 대가'를 받는 날이 정말 올까? 그 순간을 위해 그렇게도 풍경을 바라보고 싶었던가. 지금 저 노을이 지는 하늘을 바라보아도 아직은 모르겠다. 하지만, 장 그르니에가 원하는 마음이 무엇인지는 알 것 같다. 그에 대한 공감이 나의 마음에 충만히 들어앉는다.

무언가를 이해한다는 것은 간접이든 직접이든 새로운 시각을 제시하는 것이 틀림없다. 전과 다르게 새로운 느낌으로 이해가 된다. 지금 나에게 보이는 것은 내가 가진 경험들로 이루어진 것이다. 시간이 갈수록 또 다른 경험이 새로운 시각을 만들 것이다. 그리고 수많은 경험을 통해서 여러 가지 새로운 시각으로 '나'를 만들어 나간다. 다른 사람들과 같다면 같고, 다르다면 다를 수 있는 교집합과 공집합의 시각. 이 시각은 이해와 공감이 기반이 되어야 하기에 서로 완전히 다른 생각이라고도 할 수 없다. 그래서 새로운 시각은, 나와 다른 누군가의 생각을 이해하는 것이다.

처음 읽었을 때는 느끼지 못했던 그의 시각을 새로이 곱씹느라 저녁 내내 책에서 손을 떼지 못했다. 아직도 장 그르니에의 시각을 완전히 이해할 수는 없지만, 어느 정도의 교집합을 뿌듯해하며 책을 덮었다.

별이 된 오란씨

하늘에서 달을 따다~하늘에서 별을 따다~
두 손에 담아 드려요오~오오란씨이히~
아름다운 날들이여 사랑스런 눈동자여~
오! 오,오,오! 오란씨! 오란씨 파인~

이 노래가 추억의 광고 10위에 들었다며 순위 차트를 보여주는 TV 프로그램에 나왔다. 저도 모르게 소리 내어 따라 하게 만드는 광고 음악에, 나도 모르게 추억 속으로 빠지게 되었다.

대여섯 살 때였다. 쌍둥이 동생과 똑같은 티셔츠를 입고, 손을 맞잡고 심부름을 가다 모르는 길로 빠져 길을 잃어버렸다. 어린 쌍둥이가 용감하게도 길을 꼭 찾겠다며 걷다가, 먼 동네까지 가게 되었다. 혼자가 아니라 그랬는지 처음엔

전혀 무섭지 않았다. 다만, 어둠에 네온사인이 빛을 발하고 있을 즈음 슬슬 엄마에게 혼이 날까 봐 걱정되기 시작했다. '또 궁둥짝과 등짝이 남아나지 않겠구나.' 하는 생각이 몸으로 으스스 느껴질 때쯤, 누군가가 우리에게 말을 붙여왔다.

"야들아 너네들 엄마 어디갔노? 와 느그 둘만 이 밤에 돌아다니고 있노?" 누가 말을 시켰는지 궁금해서 머리를 들어 보니 경찰 아저씨였다. 순간 겁에 질렸다. 잘못한 것도 없는데, 상대방 아저씨가 경찰이라는 이유로 내가 무슨 잘못을 저질렀나 싶어 짧은 순간에 내 과거를 돌아보았다. 그 짧은 시간에, 동생 과자를 빼앗아 먹은 것, 싸우다 머리칼을 잡아당긴 것 등등 과거의 잘못들이 줄줄이 한꺼번에 떠올라 "뿌엥~." 하고 울음을 터뜨렸다. 경찰 아저씨는 당황하기 시작했고, 울지 말라며 우리를 바로 앞에 있는 문 안으로 데리고 들어갔다. 알고 보니, 운 좋게도 동생과 나는 경찰서 앞에서 어디로 갈지 헤매고 있었던 것이다.

기억 속의 경찰서 안은 중앙의 높은 데스크와 시멘트로 만들어진 초록색 벤치 의자가 벽을 뺑 둘러 길게 붙어 있었다. 삼면의 벽을 둘러 길게 이어진 시멘트 의자의 끝에는 철창이 있었다. 아마도 잘못한 사람들을 가두는 곳인 듯했다. 우리 둘은 눈물을 금세 그치고 그 시멘트 의자에 앉아, 겨우 새어 나오는 듯한 목소리로 우리들의 이름, 그리고 엄마, 아빠 이름을 말씀드리고 눈을 깜빡였다. 왜 그랬는지 집 전화번호를 외우고 있지 않았다. 바로 집을 알아낼 방법이 없어 그저 앉아서 경찰서를 둘러볼 뿐이었다.

그때였다. 한 아주머니가 들어와 쨍 강 쨍 강 유리병 부딪치는 소리가 나는 검은 봉지를 데스크 위에 놓았다. 아주머니는 무슨 잘못이라도 한 듯 연신 굽신거렸다. 어린 나는 검은 봉지의 유리병이 무엇일까, 또 그 안에 무엇이 들었을까 궁금할 뿐, 아주머니의 말소리는 귀에 들리지도 않았다. 드디어 한 경찰 아저씨가 검은 봉지를 열었다. 봉지 안에는 그 유명한 '달 따다 별 따다 두 손에 준다던 오란씨'가 여러 병 들어있었다. 앗, 바로 저거다 저거. 엄마한테 사달라고 그렇게 졸랐건만 엄마는 "천석꾼 만석꾼도 사고 싶은 거, 먹고 싶은 거 다 사면 금방 망한다."를 반복하시며 사주지 않으셨던 그 음. 료. 수. 동생과 나는 동시에 서로를 바라보았다. 그러고는 침을 꿀꺽 삼켰다.

아주머니가 준 '오란씨'의 마개가 '퐁'하고 열리는 것이 슬로비디오처럼 보였다. 컵에 따라져 경찰 아저씨들이 먼저 마셨다. 몇 병은 컵 없이 철창 안으로 넣어 주었다. 동생과 나는 철창 쪽으로 조금씩 조금씩 엉덩이 걸음으로 다가갔다. 철창 안의 아저씨들은 오란씨에는 관심도 없었고, 그 음료는 오랜 시간 그대로 철창 봉 옆에 외로이 세워져 있었다. 우리는 꽃에 벌이 꼬이듯 계속 다가갔지만, 음료수 병을 건드릴 수는 없어 앞에서 계속 침만 흘리고 있었다. 그런 우리를 발견한 경찰 아저씨는 우리가 짠했는지 허리가 잘록한 베이지색 유리컵 하나에 오란씨를 담아 우리에게 주었다. 동생의 손 둘, 내 손 둘. 컵 하나를 합이 네 개의 손으로 부여잡고 천천히 서로의 입에 음료를 넣어주며 참 행복하게 웃었던 기억이 난다.

우리의 첫 경찰서 경험은 청량하고 달콤했다. 그 맛이 너무 강했던지, 엄마와 아빠가 우리를 어찌 찾아내서 경찰서로 데리러 왔는지도 잘 기억나지 않는다. 아, 이 글을 쓰는 중에 갑자기 등이 화끈거리는 걸 보니 그때 등짝도 꽤나 맞은 듯하다. 롤러코스터를 타면서 데이트 하면 상대방이 더 좋아진다고 했나. 길을 잃어 심장이 두근거린 상태에서 만난 청량함이라 그런지 아직도 선명히 기억난다. 자매들이 많아서 먹을 것이 항상 부족했던 어린 시절의 옛 음식에 대한 추억은 미각뿐 아니라 오감을 자극한다. 웅성거리던 경찰서 소리, 베이지색 유리컵 안에서 출렁거리던 음료의 움직임, 그 음료의 달달한 향기, 톡톡 튀던 단맛, 놓칠세라 움켜잡았던 유리잔의 느낌. 심지어 등짝의 후끈함까지 곁들여져 실상은 불안했을 '내 길 잃은 어린 시절'은 달콤함으로 바뀌었다. 추억은, 하늘에서 달과 별을 딴 것이 아니라 경찰서에서 '오란씨'를 따 주었다.

동생의 손 둘, 내 손 둘.
컵 하나를 합이 네 개의 손으로
부여잡고
천천히 서로의 입에 음료를
넣어주며
참 행복하게 웃었던 기억이 난다.

시간이 달리는 이유

'시간'은 어서 빨리 어른이 되고 싶었다. 어른 대접을 받고 자유를 느끼고 싶었다. 그래서 있는 힘껏 달렸다. 뛰고 또 뛰어서 심장이 빨리 뛰다 못해 튀어나올 것 같았지만, 심장이 힘차게 뛰는 것을 느끼며 잘하고 있다고 여겼다. 하지만, 빨리 뜀으로써 주변의 아름다움을 지나쳐 버렸다. 군데군데 응원 나온 가까운 사람들의 진심 어린 말들도 스쳐 지나갔다.

끊임없이 달린 탓에 다리가 후들거리고 땀은 계속해서 흘러내렸다. 땀을 닦으며 잠시 쉬게 된 어느 순간, 시간은 혼란스러웠다. '여기가 어디지? 내가 오고자 한 곳이 여기가 맞나? 이곳에 오려고 그리 열심히 뛰었나?' 지나쳐서 바뀌어 버린 풍경을 둘러보며 불안해졌다. 어른의 시간은 기대했던 것보다 크지도, 자유롭지도 못했다. 하지만 멈출 수 없기에 다시 길을 재촉했다. 그리고 이번에는 미친 듯이 뛰기보다 주변을 둘러보며 어디로 가야 할지 방향을 정해 다시 출발했다. 쉼 없이 달려왔던 그 열정이, 또 그사이 만들어진 잔근육들이 이 여정의 무게를 조금 덜어 주었다. 뛰면서 주변을 둘러볼 여유도 생겼다. 주변은 아름다웠고 사람들의 응원은 따듯했다. 그동안 빠르게 지나쳐 버렸을 아름다움이, 따듯했을 말들이 아쉬웠다.

조금 더 뛰다가 힘에 부쳐 달리기가 서서히 느려졌다. 터벅터벅, 걸음이 되어버렸다. 누군가 만들어놓은 벤치가 보여 앉아 쉬기로 했다. 어쩌다가 여기까지 왔나. 가만히 생각하다가 천천히 고개를 들었다. 해가 뉘엿뉘엿 지고 있었다. 참으로 아름다운 광경이었다. 따스한 색의 노을이 해를 둘러싸고 소중하게 품어주고 있었다. 갑작스러운 벅참이 스멀스멀 가슴께까지 차올라 울컥, 뜨거운 눈물이 되었다. 그동안 힘들었던 모든 순간을 위로받는 듯했다. '아, 여기서 이 순간을 보고 느끼려고 그리도 뛰었구나. 어른이 된다는 건 심장이 아스러지도록 아름다운 순간을 느끼는 것이구나.' 시간은 생각했다. 흐르던 땀이 지는 해에 비치어 반짝였다. 희미하게 짓는 미소도 반짝였다. "그래. 아름답게 해지는 노을과 아직도 쉼 없이 뛰는 심장이 있으니 이제 되었다."

몇 년 전이었다. "나이가 든다는 건 참 좋은 거 같아. 여유 있는 즐거움이 무엇인지 이제 조금은 알 것 같아." 달리고 또 달려서 중년의 나이가 된 큰언니의 그 말을 그때는 완전히 이해하지 못했다. 하지만, 이상하게도 잊히지 않았다. 오랜 시간 머릿속에 남아 있던 그 말은 삶을 새로운 시각으로 돌아보게 하는 계기가 되었다.

나이가 든다는 것은 무엇일까? 여유. 여유가 아닐까. 모든 것이 그 자체로도 완벽하게 아름답다는 것을 느낄 수 있는 여유. 경험을 통해서 사소한 일상이, 그리고 그 일상 속의 슬픔과 고난조차 삶의 아름다움이라는 것을 아는 여유. 완벽한 아름다움이란, 그 완벽한 아름다움을 볼 수 있는 눈을 가지게 되는 것이다. 그래서 그 여유를 느끼는 본인조차도 뜨겁게 아름답다. 점점, 나이가 들어가는 것에 감사하다.

3

눈물 실린더

Tear Cylinder

눈물 실린더

어릴 때는 툭하면 울었다. 넘어져서 울고, 동생이 내 과자를 다 먹었다고 울고, 아끼던 종이비행기가 구겨져서 날지 못한다고 울었다. 어린 나에게 있어 눈물은 참아야 한다고 생각조차 해보지 않았던 터라 사치 부리듯 마음껏 쏟아냈다. 세월이 흘러 감정을 모두 드러내는 것에 부끄러움을 느끼게 되었다. 손에 생긴 작은 생채기 정도는 대수롭지 않게 넘기고, 병원에 가야 할 정도가 아니고서는 아프다고 앵앵거리지도 않게 되었다.

몸에 난 상처뿐 아니라 마음의 상처도 마찬가지였다. 큰 상처의 말은 아니지만, 내 마음에 얕은 생채기를 만드는 말들. 깊이 생각할수록 찌질해지는 기분이 들어 넘겨버리고 싶은 생각들. 마음먹은 대로 일이 진행되고 있지 않을 때의 찝찝함. 그럴 의도는 없었는데, 그게 상처가 되었을까 봐 망설이던 소심함 등은 '에라 모르겠다.'의 감정 쓰레기통에 넣어버렸다. 하지만, 고민했던 흔적은 생채기로 남아 한 방울의 눈물이 되어 꾸역꾸역 마음속 실린더의 눈금을 채우고 있었다.

그러다 슬픈 드라마를 보고 있을 때, 또는 누군가와 깊이 공감하는 대화를 하던 어느 순간, 꽉 채워져 더 이상 채울 공간이 없는 내 '눈물 실린더'가 시원스레 비워질 때가 있다. 그것은 마치 변비로 내내 고생하다 화장실에 가서 순식간에 비웠을 때와 같다. "아. 갑자기 내가 왜 이러지? 눈물이 멈추질 않네."하는 영화 같은 대사도 흘러나온다. 먹는 것도 몸에 남아 쌓이면 비우는데, 쌓아둔 감정도 비우지 말라는 법이 있나.

한 번 비우고 나면 마음이 가볍다. 변비[便悲 : 편할 편(똥오줌 변), 슬플 비]. 다시 실린더는 조금씩 채워지겠지만, 적어도 비우지 못해 고생하지는 않고 있는 듯하다. 사치를 부리진 못해도, 숨기진 못해도, 순환이라도 잘되길.

라이언 일병 구하기

우리는 네 자매이다. 나이 차가 비슷하다 보니, 사춘기도 시기가 서로 맞물려 찾아왔다. 사춘기에는 외모부터 시작해서 내면까지 끊임없이 자신을 향한 비판과 열등감의 화살이 날아드는 시기지만, 우리에게는 서로에게 화살을 쏘느라 자신을 겨냥하고 있을 여유조차 허락되지 않았다.

툭하면 입을 옷으로 싸웠다. 못생긴 내 얼굴 때문에 우울한 표정으로 고민하다가도, 입으려 했던 셔츠가 없어지면 고민은 잊어버리고 불같이 화를 내며 범인을 물색하러 다녔다. 범인을 찾으면 복수는 당연하였다. 언니의 바지를 몰래 꺼내 입고 새벽이슬을 맞으며 학교에 가는 것이 나의 복수였다. 신발 크기가 조금씩 달라서 돌아가며 신을 수 없는데도, 등짝 스매싱의 무서움을 무찌르고 발가락을 구겨가며 새 신을 신고 급히 튀어 나가곤 했다. 옷이든 신발이든 크기가 작아서 불편했음에도, 먼저 입고, 신고 나왔다는 것이 승리의 트로피였다.

욕실이 두 개 있었다. 안방 욕실은 아버지 전용이어서 엄마를 포함한 우리 자매는 거실 욕실을 사용했다. 자연스레 거실 욕실은 항상 누군가가 사용 중이었다. 먼저 씻기 위해 벌이던 욕실 쟁탈전은 일상이 되었다. 욕실에 들어가기만 하면 적어도 2시간을 씻는 작은언니 탓에 손에 물을 묻혀 눈곱만 떼고 학교에 가는 일은 다반사였다. 우리는 모두 큰 쌍꺼풀이 있는 아빠를 닮았고, 작은 언니만 쌍꺼풀이 없는 엄마를 닮았다. 그래서 작은언니는 은근히 외모 콤플렉스가 있었다. 동생과 나는 작은언니가 안 보는 틈을 타, '못생겨서 오래 씻어야 한다.'며 뒷담화를 하기도 했었다.

아침잠이 많아 늦게 일어났던 내가 학교 갈 준비를 하느라 양말을 찾으면, 구멍 난 양말만이 나를 반겨 주곤 했다. 구멍을 발가락 사이에 숨기느라 발가락 근육이 자연스레 발달했다. 친구 집에 놀러 갔다가 구멍 난 내 양말을 보고 얼굴이 화끈해진 적도 있다.

'오늘 나 어떠냐?'고 언니에게 물어볼라치면 '뭘 걸쳐도 촌

스럽다.'며 '아무거나 입으라.'고 무안을 주었다. 작은언니가 상장을 받아 자랑 해도 아무도 관심을 보이지 않자, 한창 보고 있는 TV 화면을 가리며 상장을 보여 주었다. 그러면 'TV 화면 가리지 말고, 상금이라도 받았으면 닭 한 마리나 사라'며 일축했다. 그러면서도 서로 자신들은 사춘기가 아니라며 손사래를 치는 진짜 사춘기 네 명이 함께 살았다.

만만하던 쌍둥이 동생과는 서로 머리채도 가끔 휘어잡아 눈물을 찔끔거리기도 했다. 지금 생각해도 참으로 볼만했다. 동생과는 주로 이불을 서로 더 덮으려고 하거나, 과자나 맛있는 음식을 더 먹으려고 하는 등의 소소한 이유로 최선을 다하여 싸웠다. 서로에게 던지는 감정의 불똥은 아주 작고 조잡해서 깊어질 틈이 없이 쏟아내다 보니, 화해 또한 금방 하게 되었다. 화해할 기미가 보이지 않으면, 작은언니는 무서운 얼굴로 거실에서 우리를 서로 마주 보게 했다. 그리고 각자의 사정을 이야기하게 해서 남은 감정이 없도록 중재자의 역할을 했다. 바로 그 중재자에게 삐딱한 감정이 생기면, 우리는 언제 그랬냐는 듯이 언니를 마녀라며 흉을 보곤 했다.

비슷한 시기에 사춘기를 겪으니 우리는 언니와 동생이라는 역할에 더해져 동지가 되기도, 적이 되기도, 선생이 되기도 했다. 서로를 제일 미워하기도 했고 그러기에, 서로를 제일 이해하기도 했다. 사춘기라는 전쟁터에서 우리는 모두가 라이언 일병이었다. 자신의 마음과 싸우려던 과녁을 서로에게 맞추어 두고서, 서로를 또는 자신을 구한 듯하다.

그들은 누구인가

'뷰티풀 마인드(2002)'라는 영화에는 특출난 수학적 두뇌로 국가의 비밀 임무를 맡게 된 주인공이 등장한다. 험난한 임무를 완성한 후, 그는 국가의 악랄한 고문과 감시에 시달리다가 서서히 환영을 보기 시작한다. 그 환영은 옛 친구인 두 사람이 따라다니며 간섭하는 것으로 나타난다. 언제 어디서나 그를 따라다니며 그의 생각과 결정에 간섭하고 싶어 한다. 주인공은 눈을 뜨면 한시도 빠지지 않고 눈앞에 보이는 친숙한 환영 속 인물들과 대면하고 싶기도, 또 피하고 싶기도 하여 갈등한다. 결국, 사라지지 않는 그것들을 평생 외면하며 살아가기로 마음먹는다.

그 당시 영화관에서 영화를 지켜보며 나는 내내 그것들이 빨리 없어졌으면 하고 바랐었다. 주인공과 환영의 눈이 마주치기라도 할까 봐 조마조마했다. 환영을 보며 그 사람이 괴로워하는 게 보기 힘들었기 때문이었다. 이상하게도, 환영에 대한 이 생각은 20년간 뇌리를 떠나지 않았다. 처음에는 그가 무서워만 할 것으로 생각했다. 하지만, 나중에는 '환영을 외면하는 것이 그에게 더 괴로울 수 있겠구나.' 하는 생각이 들었다.

코로나로 인해 혼자서 생활하는 시간이 여러 해 계속되었다. 조용한 것을 좋아하는 터라 집에서 혼자 있을 때는 TV도 켜지 않고 음악도 켜지 않아 집안이 조용하다 못해 고요했다. 간만에 못 보던 책도 많이 읽고, 홀로 멍하게 있는 여유도 마음껏 즐겼다. 뜻깊은 휴식이라 생각될 정도로 좋은 시간이었다.

자연스레 내 안의 나와 대화하는 시간이 점점 많아졌다. 여유롭던 처음과는 달리, 시간이 갈수록 가벼운 무기력이 나를 찾아오기 시작했다. 어쩌면 조금의 오만함이 있었는지도 모르겠다. 한 번 견뎌볼 테니 올 테면 와 보라는 식의. 그럭저럭 견딜만해서 한두 번 받아주기 시작했더니 다음에는 슬픔이, 그다음에는 우울함이 찾아왔다. 나중에는 순서 없이 마구 들이닥쳤다. 그들과의 대화는 깊어져만 갔다. 깊어진 대화가 초대한 눈물만이 하염없이 흘러나왔다. 누구 하나 멈추게 할 사람이 집에 없으니 울다 지쳐 잠들

뿐이었다. 만나고 싶지 않았던 내 마음의 어두운 감정들이 차례로 날 울렸던 날들이었다.

벗어나려고 애조차 쓰지 못하고 원치 않던 방문객에 짓눌려 괴로웠다. 그 압박감이 턱까지 차오르던 어느 날, 가슴이 터질 것 같아 문을 박차고 집을 뛰쳐나갔다. 한겨울의 차가운 바람이 숨에 부딪혀 하얀 입김으로 피어올랐다. '아, 내가 아직 살아있구나.' 그런 생각이 들자 일그러진 미소와 함께 기쁨인지 슬픔인지 모를 눈물이 소리 없이 흘렀다. 쉼 없이 걸으며 몸을 움직였더니 방문객도 찾아들지 않았다. 숨통이 좀 트였다.

그렇게, 아침 산책이 시작되었다. 매일 4, 50분을 걷고 나면 가라앉던 정신이 가벼워졌다. 꾸준한 산책을 하던 어느 순간, 밀어내고만 싶었던 그 감정들이 왜 나를 찾아왔나 궁금해졌다. 내가 무언가 잘못을 한 것도 아닌데, 또 나쁜 마음을 먹은 것도 아닌데 어쩌다가 원치 않은 방문객을 맞이하게 된 걸까. 쉽게 나올 대답은 아니었지만, 스스로에게 계속해서 묻고 또 물으며 산책했다.

또다시 무기력이 찾아왔다. 꾸준한 산책 덕분인지 이번에는 나에게 찾아오던 방문객을 대면할 용기가 생겼다. 그리고 그것들을 마주하게 되었을 때, 나는 깨달았다. 그것들이 모두 하나 같이 나의 모습을 하고 있다는 것을. 슬픈 나, 무기력한 나, 우울한 나, 어두운 모습의 내가 나를 만나기를 기다리고 있었다. 사실, 그것들은 나를 찾아온 것이 아니라 내가 쳐놓은 금 밖에서 나를 한 없이 기다리고 있었다. 내가 그어놓은 금 안으로 밝고 기쁜 마음만 들이기를 원했기 때문이었다. 그것들은 외면당한 채 이제껏 내가 돌아봐 주기를 기다렸다. 영화 속 주인공을 따라다니는 그 두 사람의 환영은 보고 싶지 않더라도 사라지지 않고 그 자리에 계속 존재했다. 그것 또한 그의 삶의 일부였다.

나는 특출나 본적도, 그로 인해 고문과 감시를 받은 적도 없다. 하지만, 적어도 인생이라는 고문에 시달린 적은 있기에 비슷한 어둠을 가지고 있을지도 모른다는 생각이 들었다. 주인공을 따라다니던 환영들도 어쩌면 그의 음울했던 마음일지도 모를 일이었다. 내가 대면하고 싶지 않은 나의 불행이자 슬픔은 늘 나를 따라다녀 왔다는 것을, 영화를 본 후 지금에서야 깨닫게 되었다. 그래서 나는 밝고 긍정적인 마음뿐 아니라 어두운 마음마저 생겨날 수 있음을, 그것들 또한 내가 될 수 있음을 인정하기로 했다. 그리고 있는 그대로의 나를 받아들이기로 했다.

언젠가 친구가 물었다. 요즘 슬픈 일이 있냐고. 생각해 보면 슬픈 일은 드문드문 있었다. 기쁜 일 만큼이나. 요즘 들어 어두운 얼굴을 자주 나타내는 나를 보고 물었던 친구의 질문을 곰곰이 생각해 보게 되었다. 행복하고 기쁜 마음만 주로 표현하던 내가 이제는 슬픈 마음도 표현한다. 나의 슬프고 어두운 감정들이 머뭇거리지 않고 드러난다. 그 덕에 밝기만 하던 예전보다 어두운 얼굴이 자주 표현되기도 하지만, 그렇다고 행복하지 않은 것은 아니다. 눈물을 흘릴지언정, 나는 지금 지극히 평온하다.

할매가 부른다

"야야~~~아~~얼른 와서 밥 먹어라!"
우뚝. 하던 종이 인형 놀이를 멈추고 벌떡 일어나 할매가 부르는 부엌으로 냅다 뛴다. 아까부터 곰국 향이 솔솔 올라와 꿀꺽, 침을 삼키던 참이었다. 오늘 점심은 곰국이다. 윤기 나는 흰 쌀밥을 크게 떠서 곰국에 넣어 말고, 어제 담근 생김치를 할매가 쭉쭉 찢어 수저 위에 올려준다. 함박웃음을 지으며 입을 쩌억 벌려 밥을 넣는다. 할매가 있으니 너무 좋다. 끼니때마다 윤기 좔좔 흐르는 밥과 다양한 반찬. 이번 방학도 역시나 천국이 따로 없다.

"퍼뜩퍼뜩 달리 바라! 뒤에서 쫓아온~다 아이가!"
초등학교 운동회의 하이라이트인 단체 릴레이 경기가 한창이다. 열띤 경쟁 아래, 때는 마침 우리 반 2위로 달리던 내가 1위로 순위를 올리던 참이었다. 짧은 커트 머리에 앞

머리는 야무지게 동여맨 사과머리를 하고서 이를 악물고 짧은 다리로 부지런히 뛴다. 따라잡은 1위를 놓칠세라 할매의 목소리가 더 조급해졌다. "오야 오야, 우리 손녀 잘 헌다~~내 손녀 잘 헌다아~!" 이번 운동회도 바쁜 엄마를 대신해 김밥과 옥수수, 그리고 운동회의 상징인 1.5리터 사이다와 삶은 달걀을 한 바구니 가득 싸 들고 오신 할매가 나를 부른다. 할매의 응원에 힘입어 입술을 앙다물고 힘껏 달려본다.

"어이~ 아가씨, 식혜 좀 묵어볼 텐가?"
이 뜨거운 여름 날씨에 입시 공부가 웬 말이냐며 책상 위에서 녹아내린 나를, 수박처럼 시원한 목소리가 부른다. 고등학교 때까지 나는 식혜가 물처럼, 수도꼭지를 틀면 금방 나오는 줄 알았더랬다. 냉장고 안은 언제나 달달하고 시원한 식혜가 꽉 들어차 있었기 때문이다. 부지런한 솜씨로 부지런히 채워 넣으신 울 할매 덕분이다. 얼음을 동동 띄운 달달하고 시원한 식혜 한 잔이면 녹아내렸던 팔다리에 놀랍도록 힘이 생기는 건 아마도 할매의 땀과 정성이 녹아들었기 때문이리라. 식혜 한 잔 쭉 들이키고 할매한테 슬쩍 말한다. "할~매~ 공부하기 싫다." "이 아가씨가 식혜 한잔으로는 부족한가베~." "우와, 역시 울 할매는 쎈쓰가 남다르다니깐. 새콤한 냉면 우뜨까?" "그라믄 냉면을 함 땡

기보까?" "오야르~울 할매가 최고, 최고!" 할매가 챙겨주는 식혜와 냉면은 그 여름 최고의 보양식이자 사랑이었다.

쿵!!
"누가 있으면 좀 와보그라~!"
욕실에서 할매가 부른다. 물에 젖은 슬리퍼를 밟아 미끄러져 허리를 다친 모양이었다. "큰일 났네. 이래 못 움직이믄 밥은 우예 챙기주노. 아까 빨래도 해놔서 널어야 되는데. 느그가 고생하긋네. 우야긋노." 주저리주저리 하는 말은 우리를 걱정하는 말뿐이었다. "할매요, 지금 그기 문제가! 몸 아픈기 문제지!" 피식. 짐짓 긴장하던 할매 얼굴에 여유가 틈을 찾는다. "그러게 그것부터 걱정이네. 허허." "음 맘마, 웃음이 나오는 거 보이 울할매, 아직 괜찮은 가베?" "하모, 내 안즉 안죽었거든." 여유 있는 말투와는 달리 이즈음부터 할매는 많이도 아팠다.

"니가 누고? 쌍디가? 함보자."
주섬주섬 할매 손을 만져본다. 할매가 손가락에 힘을 주어 내 손을 맞잡는다. 당뇨 합병증으로 눈이 보이지 않게 된 할매는 목소리로 사람을 구별했다. 거동을 못 하게 된 지는 벌써 좀 되었다. 직장이다 뭐다 바쁘다는 핑계로 경주에 살고 있는 할매 얼굴을 못 봤더니 그단 새 더 헬쑥해졌다. "할매요. 인제는 남이 해주는 밥 먹는 거도 괜찮트제? 내가 잘~알지 그 마음을." "이 아가씨보소. 암만케도 내가 한 게 제일로 맛나지. 안 글트나?" "하하, 옳소, 옳소. 역시 울 주정숙 여사가 젤로 똑똑하네." 서글픈 대화에 또 입술을 깨문다. "할매, 요새 내가 일하는 데서 무슨 일이 있었냐면……" 할매가 없던 지난 시간 동안의 이야기를 풀어내어 본다.

"쏴아아, 쏴아아~~철썩." 초여름 파도 소리가 시원하게 내 마음을 적시는 듯하다. 오래간만에 감포 해수욕장에 왔다. 이른 휴가 차, 할매를 보러 온 가족이 모였다. 돗자리를 펴고 먹을 것부터 꺼내 어린 조카들에게 쥐어주니 너나 할 것 없이 과자를 들고 소리를 지르며 바다 쪽으로 뛰어간다. '느그들이 우리 할매가 있었으면 맛있고 건강한 거 많이 묵었을 낀데.' 속으로 생각한다. "엄마, 확실히 여기가 안 답답하고 탁 트여서 좋네. 할매가 딱 좋아할 만하네." 답답하고 못 움직이는 산 말고, 여기저기 다닐 수 있는 바다에 뿌려달라던 본인의 유언대로 할매의 유골은 감포 바닷가로 종착지를 정했다. 지금이야 불법이라지만 당시는 할매를 원하는 곳에 보내드릴 수가 있었다. 세련된 우리 할매가 좋아하는 커피 한 잔을 보온 물병에서 꺼내 따른다. 할머니는 향기라도 맡고 싶었는지 막 따라낸 뜨거운 커피 김이 순식간에 바다로 향한다. 잠시 할매와 커피 향을 공유해본다. "할매요, 할매!" 할매를 불러본다. 쏴아아~~철썩. 대답인건지 그저 파도 소리인 건지 분간이 안 된다. 쏴아아~~철썩. 나를, 우리를 부르던 할매의 목소리가 들리는 듯하다. "아가씨요, 내는 걱정 하덜 말고, 맛난 거 많이 묵고 잘 자고 하는 기 제일로 행복한 기다." 커피 김이 다시 바람에 움직인다.

"아가씨요, 내는 걱정 하덜 말고,
맛난 거 많이 묵고 잘 자고 하는 기
제일로 행복한 기다."

윷놀이 방정식

　봄을 맞이하며 엄마 혼자 계신 집으로 오래간만에 네 딸들이 대청소하러 모였다. 집에 들어서자마자 짐을 내려놓고 각자 맡은 구역을 쓸고, 닦고, 정리하기 시작했다. 큰언니는 자신이 너무나 사랑하는 부엌과 냉장고를 맡았고, 작은언니는 장롱 정리와 안 쓰는 옷가지와 물건들 버리기, 셋째인 나는 청소기를 돌리고 물걸레와 화장실 청소, 막내는 커튼 및 이불 빨래와 베란다 청소를 맡았다. 생각보다 청소가 빨리 진행되어서 점심때가 되었을 때는 어느 정도 청소가 완료되어 있었다.

"점심 먹고 하자."
막내의 말에 모두 그러자며 거실 중앙에 둘러앉았다. 청소하는 날은 무조건 짜장면을 먹는 것이라며 내가 휴대전화 배달 앱으로 검색하던 중, 막내가 느닷없이 윷을 바닥에 펼쳤다. "점심값 내기 한 판 할까? 어때?" 청소하면서 찾았다며 내기를 제안하자, 모두 수긍하며 한 마디씩 던졌다. "좋지. 오래간만에 짜장면 좀 얻어먹을까?" 큰 언니 말에, "누구 맘대로? 나는 내기에 져 본 적이 없거든~." 작은 언니가 거들었다.

"그러면 윷놀이 판을 하나 그려야겠네."
나는 버리려던 큰 달력을 뒤집어 윷판을 대충 그리고 난 후, 장식대에서 윷놀이 말들을 하나씩 골랐다. "출발점에서 두 바퀴씩 먼저 돌고, 마지막 남은 사람이 짜장면 사는 거다!" "좋아! 좋아!" "윷 하나에 '뒷도' 표시가 되어 있는지 확인해 봐." "어. 되어있네. 뒷도가 없으면 재미없지." 윷 하나의 뒤에 X자를 그려 넣은 것을 확인하고서 부릉부릉 다들 시동이 걸렸다.

묵찌빠로 순서를 정한 뒤 말을 일렬로 줄을 세웠다. 막내가 일 번 타자로 다음은 작은언니, 큰언니, 나의 순서였다. 후두둑. "헉! 이게 머고? 벌써 사기를 치나?" "앗싸~이게 웬 떡이고." 막내가 던진 윷은 뒷도의 자태를 드러내며 누워 있었다. 뒷도가 첫 시도에서 나오면 말이 윷판 한 바퀴를 돈 것으로 치기 때문에 막내는 첫 시도에서 벌써 한 바퀴를 얻은 셈이었다.

"뭔데? 시집도 부잣집으로 잘 가더니 뭘 해도 될 사람은 되는 가베. 쳇." 작은 언니는 볼멘소리하며 윷을 날렸다. 도, 개, 걸, 윷, 모! '모'다. "우와. 이렇게 진도 빨리 빼기 있나? 어릴 때부터 공부도 잘 하드만 진도도 빨리 빼네." 내 말에 "얼른 윷 내놔 봐라. 내 차례다." 큰언니가 윷을 받아서 들었다.

결과는 '도'. "껄껄껄." "웃지 말지. 니꺼 잘 나오나 한번 보자." 내 웃음에 큰언니가 도끼눈을 뜨며 말한다. "아니, 처음부터 윷이 너무 우리를 표현하는 것 같아서. 하하하." "그래. 내는 둘째보다 공부 못했다. 인정!! 됐나? 그만 웃고 던지기나 하시지?"

후두둑. 도! 큰언니가 기겁했다. "뭐고? 딸랑 한 칸 움직였는데, 따라 잡힌 거가?" "아이고 배야! 초장부터 웃겨 죽겠네. 언니는 처음부터 다시!" 내가 윷을 막내에게 건네주며 말한다. 말이 따라 잡히면 처음부터 다시 시작해야 하는 우리 동네 규칙을 따른 것이다. "어릴 때부터 주야장천 큰언니 패션을 따라 하더니만 이제는 윷놀이도 따라 하나?" 막내가 윷을 던지며 내게 말했다. 막내의 결과도 '도'! "파하하. 지도 맨날 큰언니 화장품 따라서 사더니만 니도 어디 못 가네." 내가 배꼽을 잡았다. "바보야. 니도 처음부터 다시 시작이다." 막내가 작은언니에게 윷을 건네며 내게 말했다.

작은 언니는 빨리빨리 하자며 윷을 날렸다. 후둑. 또다. 또 '모'가 나왔다. "역시 실속파. 바닥에 떨어진 돈도 자기 돈 아니면 절대 안 줍더니 요행 없이 혼자서 잘도 가네." 큰언니가 떨어진 윷을 모으며 말했다. "이번에는 나도 간다!" 주문을 외우듯 큰 소리로 외치며 윷을 던졌다. 도! 또 '도'가 나왔다. "이거, 이거 '도'가 지나친 거 아니가?" 나는 배꼽을 잡으며 큰언니를 놀려 댔다.

씩씩거리는 큰언니를 뒤로하고 후두둑. 윷을 던졌다. 걸! 내 말은 상쾌하게 움직이며 3칸 이동했다. "오, 게다가 지름길이다. 역시 나는 운이 없는 사람이 아니었어." 내가 신나서 윷을 막내에게 넘겼다. "그래 니가 운이 많이 좋지. 옛날에 당연히 못 간다고 생각했던 어학연수도 기적적으로 간 걸 보면." 동생이 말했다. "글체? 돈 없어서 당연히 못 간다고 생각했는데, 아빠가 갑자기 목돈 벌어 와서 갔다 왔지. 완전 로또였지." 내가 거들었다.

후드득. 막내의 '모'에 "운은 니가 좋은 거 아닌가요, 전원

주택 사모님? 게다가 지름길로 바로 내려오는데?" 시샘 어린 목소리로 내가 말했다. 투둑. 배가 고픈 작은언니가 말없이 다음 윷을 던졌다. 모! 순간 모두가 조용하다. 또 '모'가 나왔다. "역시 승승장구하던 사람은 윷놀이도 시원하게 하는구나." "윷놀이도 '놀이'라기보다는 '두뇌 싸움'인 거지. 암만." 막내와 작은 언니의 대화였다. "이 상황에서 저런 말만 안 하면 정말 똑똑한 거지." 큰언니 말에 모두가 깔깔거렸다.

"그러고 보니 우리가 윷을 던지는 게 우리 살아온 인생이랑 자꾸 빗대어지네. 좋은 것이든 힘들었던 것이든 간에 윷놀이하는 거랑 우리 인생이랑 비슷하게 굴러가는 것 같네." 내 말에, " 윷놀이처럼 한판에 끝나는 게 아니라는 게 다른 점이겠지?" 막내가 덧붙였다. " 다음 라운드의 결과를 알 수 없다는 점도 다른 점이고요." 큰언니가 더했다. "근데 우리 짜장면은 시키고 이러고 있는 거 맞나?" 작은언니 말에 " 뭐? 시키고 시작한 거 아니었어? 빨리 주문하고 다시 하자!" 배고픈 목소리로 큰언니가 말했다. 결국 주문을 하고 난 후 계속된 윷놀이의 패자는 내가 되었고, 이때다 싶어 막내는 탕수육을 추가 주문했다.

탕수육을 양념에 콕콕 찍어 먹으며 생각했다. 이 '새옹지

마' 같은 네 딸들의 인생이 윷놀이 방정식과 아주 유사하다는 것을. 결과도 알 수 없고, 우여곡절은 있다. 조금 다행인 것은 윷놀이 판처럼 한 바퀴로 인생이 끝나는 게 아니라는 것이다. 우리는 지금도 말을 타고 다음 수를 기다린다. 도, 개, 걸, 윷, 모, 뒷도까지. 이번에 져서 대가를 지불하더라도 다음 라운드에서 지치지 않기 위해, 나아갈 힘을 얻기 위해 이번 판을 양분으로 삼아 본다. 나와 비슷한 다른 말들이 내 인생에 함께해서 외롭지 않아 감사할 따름이다.

4

양심 부적

Conscience Amulet

양심 부적

물이 귀하고 데우기도 어렵던 옛날에는 일요일마다 목욕탕에 갔다. 어릴 때 엄마와 함께 갔었던 작은 목욕탕, '천수탕' 입구에 들어서면 비누 향이 섞인 깨끗한 '목욕탕 냄새'가 났다. 촉촉하고 향긋한 목욕탕 냄새, 그것을 목욕탕 냄새 말고는 달리 표현할 수가 없다.

목욕탕은 나에게 씻는 장소가 아니라 상쾌한 놀이터였다. 일란성쌍둥이 동생과 함께 뜨거운 물과 찬물을 오가며 신나게 자맥질을 하다가 주변 아주머니들에게 한 소리씩 듣고, 다음으로 엄마에게 엉덩이를 한 대씩 찰지게 철썩철썩 맞았다. 그제야 부루퉁한 입술로 초록색 때밀이를 들고 때를 벗기는 흉내를 내곤 했었다.

목욕탕에 오는 또 하나의 이유는 바나나 우유와 야쿠르트였다. 우리 둘을 목욕탕에 데리고 가기 위한 엄마의 가장 큰 협상물이기도 했다. 바나나 우유와 야쿠르트 없이는 목욕을 가지 않겠노라 선언했었던 덕에 일요일에는 어김없이 바나나 우유와 야쿠르트를 먹을 수 있었다. 그렇기에 그저 행복한 일요일이었다. 대충 흉내만 내던 때 밀기가 들통이 나면, 엄마는 우리의 때를 다시 벗긴 후 탕 밖으로 내보냈다. 동생과 나는 벌거벗은 몸으로 탈의실에서 활개를 치며 놀았다. 뒤늦게 엄마가 나와서 바나나 우유나 야쿠르트를 우리 손에 쥐어 주었고, 우리는 몹시도 말랐던 목을 축였다.

어느 일요일, 엄마와 단둘이 목욕을 하고 탈의실로 나왔지만, 매점 닫혀서 바나나 우유를 마시지 못했다. 집에 가는 길목에 있는 '점방'(가게)에서 바나나 우유를 사기로 하고 목욕탕을 나섰다. 만화에서 나옴 직한 초롱초롱한 눈빛으로 점방에서 바나나 우유를 받아서 마시고 있는데, 갑자기 큰 소리가 났다. "아니 글쎄, 내가 이천 원을 확실히 드렸다니까요." "아니라고요. 여길 보세요. 소쿠리에는 아까 다른 손님께 받은 이천 원 말고 없잖아요." 돈을 지불했다는 엄마와 받지 않았다는 점방 주인아줌마의 다툼이었다. 나는 바나나 우유를 마시며 멀뚱히 싸움 구경을 했다.

승리의 여신은 우리 엄마의 편을 들어주며 엄마는 멋지게 점방에서 나오셨고, 우리는 집으로 향했다. 집에 도착하자 아까 있었던 일을 엄마가 아빠에게 설명했다. 옷을 갈아입으며 이제는 그 점방에 안 갈 거라고 말하던 엄마가 순간, 행동을 멈추었다. 벗어 두었던 옷을 다시 주섬주섬 입더니 내 손을 꼭 잡았다. 내가 꼭 같이 가야 한다고 했다.

영문도 모른 채 엄마의 손을 잡고 도착한 곳은 그 점방. 엄마는 주인아줌마에게 정말 미안하다며 급히 사과하고 이천 원을 주었다. 엄마가 집에 가서 옷을 벗을 때, 두어 번 접어 입었던 몸뻬 바지의 허리춤에서 이천 원이 떨어졌다. 탈의실에서 바나나 우유를 사기 위해 돈을 손에 쥐고 있다가 내가 정신없이 뛰어다니자, 나를 잡으려고 급히 바지 허리춤을 접으면서 그 사이로 돈이 끼어들어 간 것이다. 당연히 지불한 줄 알았던 이천 원이 허리춤에서 뜬금없이 나타나자, 엄마는 바로 나를 데리고 사과하러 갔다. 그때는 어릴 때라 아무 생각이 없었지만, 항상 당당했던 엄마가 사과하는 모습을 보고 나도 모르게 고개가 숙여졌다.

집으로 돌아오는 길에 엄마는 내 손을 꼭 힘주어 잡았다. 그러면서 잘못했을 때는 자기 잘못을 바로 인정하고 사과를 해야 한다고 했다. 그리고 아무리 적은 돈이라도 자신의 것이 아니면 욕심을 부리면 안 된다고도 했다. 이상하게 기분이 뭉클했다. 그날따라 엄마가 좀 멋있게 느껴졌다. 싸움에서 이겨서 좋은 것도 있었지만, 당당히 잘못을 인정하는 그 모습이 인상 깊었다. 그리고 참으로 우리 엄마답다고 생각했다.

그렇다고 내가 그 어린 나이에 받은 감동으로 한 치의 비뚤어짐 없이 바르게 큰 것은 아니다. 잠시 고백의 시간을 마련해 보자면, 자라면서 나는 초등학교에 다닐 때 두 번의 도둑질을 했다. 아니다. 한 번은 불발이었으니 한 번밖에 없다고 해야 하나? 처음은 가게에서 과자를 슬쩍 들고 나오다 심장이 너무 뛰고 기분도 찝찝하여 도로 들어가 몰래 놓고 온 것이다. 또 한 번은 엄마의 지갑에 손을 대었던 기억이다. 그즈음 새로 나왔던 충격적이고 사랑스러운 맛, '메로나' 아이스크림 바 때문이다. 너무도 먹고 싶었던 초등학교 3학년인 나는 슬쩍 엄마 지갑에 손을 대었다. 당시 몇백 원도 안 하던 그것을 새벽 6시 반에 일어나 총알같이 점방에 뛰어가 사 먹었더랬다. 처음 한두 입은 천국이 따로 없었다. 전날 밤새도록 메로나를 먹고 싶었던 마음이 아이스크림과 함께 입안에서 녹아내렸다. 하지만, 메로나를 다 먹고 남은 나무작대기를 손에 들고 현관문에 들어서며 느껴지는 그 찝찝함과 불안감에 입안이 썼다. 촛불 켜지듯 어스름히 밝아지는 새벽녘에 현관문 앞에서 몇 번이고 망설였다. 혼이 날까 봐 들어가지도 못하고 서성이다 끝내, 울음을 터트렸던 기억이 생생하다.

엄마가 '바나나 우유 사건' 이후로 내게 주문을 걸어 놓으셨던 걸까? 그때 느꼈던 도둑질의 찜찜함이 너무 강렬해서인지 엄마의 그 '양심 부적' 덕분인지, 그런 일로 고민할 일이 생기게 되면 누군가가 불을 피우는 것처럼 가슴이 뜨거워져 마음이 편한 쪽을 선택한다. 아주 크고 센 부적을 야무지게 붙여놓으신 듯하다.

엄마의 바람대로 그리고 나의 바람대로, 바르고 정직하게 살아가려고 노력한다. 아직은 그럭저럭 부적이 잘 통하고 있는 듯하다. 역시나 아주 용한 부적인가 보다. 다른 부적도 몇 개 만들어 달라고 할 걸 그랬나 싶다. 아니, 당장 엄마에게 전화를 걸어 다른 부적을 내놓으라고 으름장을 늘어놓아야겠다.

바다에 마음을 담그다

긴장된 몸을 풀기 위해, 족욕을 준비한다. 세숫대야에 뜨거운 물을 넣고 향기로운 오일도 조금 탄다. 발을 살짝 넣는다. 앗 뜨뜨! 처음의 뜨거움은 곧 따듯함이 되고, 점점 노곤함이 될 것을 알기에 발의 들썩거림을 애써 참는다. 그럼 그렇지. 긴장이 풀어지고 근육이 흐물흐물 해져서 나도 모르게 흥얼거림이 흘러나온다. 따라라라랄라. 랄랄라. 이 노래가 뭐였더라? 저 하늘과 저 넓은 바다…. 아! 기억났다.

저 하늘과 저 넓은 바다는 어쩜 이리도 푸른지 날 비우네♪
저 파도와 시원한 바람이 내 안에 모든 것들을 다 채우네♩
쌓여 있던 내 맘을 모두 비우니 가벼운 나의 마음이 달아오르네♪
굳어 있던 내 안에 마른 감성이 촉촉이 내 맘을 채워 외롭지 않네♩

흥얼거림이 노래가 되어 욕실 안을 가득 채우는 울림이 되었다. 욕실에선 '나도 가수'였다. 감성을 팍팍 넣어 신나게 꽥꽥이는 소리로 부르고 나니 '아루앤폴'이라는 가수에게 조금, 아주 조금 미안했다.

족욕을 끝내고 깨끗하고 노곤해진 몸을 뉘었다. 두 팔로 머리 베개를 만들고 구부린 무릎을 들어 다리를 슬쩍 꼬았다. 아까 욕실에서의 외침이 부족했던지 꼬았던 다리가 은근슬쩍 박자를 맞추고 입에서는 반복된 구절이 흘러나왔다. "떠나버린 던져버린 녹아버린 내 맘을 비우네, 떠나버린 던져버린 녹아버린 내 맘을 채우네~" 그러고 보니 노래 제목이 〈Busan〉이다. 부산에 왔다가 부산 바다에 반해서 만든 곡이라고 들었다. 뭘 좀 아는 가수 같다.

가슴이 답답할 때마다 혼자 바다에 간다. 바다에게 내 답답함을, 그리움을 좀 가져가 달라고 부탁하러. 일이 잘 안 풀릴 때도, 아빠가 보고 싶을 때도 오랜 시간 바다를 바라보며 바다의 흐름에 답답함과 그리움을 흘려보낸다. 한참을 보고 나면 비워진 그 자리에는 시원한 바닷소리만 들어찬다. 노랫말처럼 나는 비워지고 또 채워진다. 그저 바라보는 것만으로도. 나만 아는 줄 알았는데 저 가수도 알고 있었네. 아닌가? 다 아는데 나만 아는 줄 알았는지도.

픽. 긴장된 근육을 풀기 위한 족욕처럼, 마음의 피로를 풀기 위해서 바다에 갔다고 생각하니 웃음이 난다. 나 자신도 모르게 가끔 바다로 달려가고 있는 이유가 선명해진다. 그럼, 바다로 갈 때마다 빠지지 않는 손안의 커피는 족욕할 때와 비교하면 향기로운 오일쯤 되려나?

부산에서 태어나 해운대 바다 근처에 살고 있다 보니 당연하게 여기고 있었나 보다. 이 노래를 들으며 바다가 내게 주는 평온함을 새삼 깨닫게 되었다. 나에게 있어 바다에 간다는 건 '심욕心浴'을 하는 것과 같다.

갑자기 바다가 보고 싶어서 벌떡 일어났다. 야구 모자를 눌러쓰고 잠옷 바지 위에 운동복 바지를 대충 껴입었다. 줄줄이 접혀 들어간 잠옷 바지 덕에 다리 한쪽이 불룩하지만, 씩 웃으며 당당히 문밖으로 나섰다. 뭐 어때. 누가 신경이나 쓸까. 좀 전의 족욕으로 발걸음이 가벼웠다. 바다야! 언니가 간다. 기다려라. 급한 마음에 가볍다고 생각한 발이 허공을 날아가기 시작했다.

30분 남짓, 열심히 걸어서 해운대 바닷가에 도착했다. 철썩. 파도 소리에 물세례를 받은 듯 정신이 번쩍 들었다. 시원스레 내 마음에 물을 끼얹고 저 멀리 달아나는 파도가 보였다. 어느새 커피가 든 종이컵의 목덜미가 오른손에 잡혀있다. 그래. 바로 이거지. 털썩. 모래에 주저앉아 따듯한 커피를 마시며 파도의 움직임을 눈으로 쫓았다.

> 쌓여있던 내 맘을 모두 비우니 가벼운 나의 마음이 달아오르네♪
> 굳어있던 내 안에 마른 감성이 촉촉히 내 맘을 채워 외롭지 않네♪
> (〈Busan〉 feat. St. Paul 아루앤폴 노래, 에스티폴 작사 및 작곡)

족욕과 심욕, 둘 다를 욕심 내어도 사치가 아닌 이곳, 부산에 살고 있어 좋다.

나의 방구석 아지트

획. 보드랍고 도톰한 천을 들친다.
스르르르륵. 미끄러지듯 몸이 빠져들어 간다. 목 아래까지 보드라움을 끌어당겨 덮는다. 발가락을 꼼지락거리다가 발을 이리저리 움직여 본다. 보들보들함에 녹아버리지 않기 위해 부지런히 반항해 보지만, 이미 발가락 끝 사이사이까지 점령당했다. 피부를 감싼 넘실거리는 부드러움에 이내 딱딱했던 마음은 흐물흐물해지고 만다. 이겨보겠다던 생각은 어리석었다. 이렇게 좋은 것을. 이렇게 행복한 것을.

끔뻑끔뻑. 여기가 어디지. 베개와 이불 귀퉁이가 보이는 걸 보니 이불 속이다. 누워있으려고만 했는데 잠이 들었나 보다. 황금 같은 휴일에 늦잠이라니. 안타까운 마음으로 시계를 보니 오전 10시 30분이다. 다행히 휴일은 아직 남아있다. 이제 본격적으로 즐겨볼까. 흐뭇한 미소를 걸치고 반쯤 몸을 일으킨다. 침대 옆 테이블에 아파트 단지처럼 높이 쌓인 책 중에서 몇 권 골라 다시 벌러덩 눕는다. 이불을 발 받침 삼아 다리를 편안히 하고 자세를 잡는다.

우선 아껴둔 신유진의 수필을 꺼내 든다. 수채화 같은 표현으로 그리운 파리의 카페를 하나둘씩 방문한다. 함께 카페 의자에 앉아 카페의 분위기와 글의 분위기를 동시에 느낀다. 찻잔이 부딪치는 소리, 크고 작은 대화 소리, 이어지는 주인공의 한숨 소리. 그 소리에 이끌려 나도 모르게 그녀의 추억을 공유하고 있다. 때로는 따듯하고 때로는 외롭다. 그녀의 말처럼, 비로소 내가 풍경이 된 모양이다. 풍경 속에서 그녀와 나란히 그네 같은 시간을 보낸다.

> 내가 책에서 간절히 찾길 원하는 것은 나를 아름답게 만들어 줄 장식이 아닌, 나를 비출, 아주 적나라하게 비출 거울인지도 모르겠다. 공간도 마찬가지일까? 나와 닮은 구석을 찾고 있는 것일까?
>
> - 신유진,『몽 카페』, 시간의흐름(2021)

이번에는 소설을 펼친다. 소설은 있음직하지 않은 이야기가 재밌다. 살금살금 뒤꿈치를 들고 주인공을 따라다니는 기분으로 숨을 멈추고 지켜본다. 수사물에서는 단연 내가 형사다. 어느 놈이 범인인지 찾기 위해 매서운 눈으로 인물 모두를 의심한다. 한 단어 한 단어가 모두 힌트이자 증거이다. 한때 범죄심리분석관을 꿈꾸었기에 단어를 씹어 먹을 기세로 읽는다. 팔랑팔랑. 슥. 슥. 책 넘기는 소리와 연필로 책에 줄 긋는 소리가 이어진다. 간간이 터져 나오는 감탄사와 그에 이어지는 생각으로 눈알을 굴리느라 정신이 없다.

꼬로로록. 무생물의 소리만 가득하던 곳에 생물의 외침이 울려 퍼진다. 아차. 식사 시간이 지났구나. 책을 잠시 덮고 이불 속에서 빠져나온다. 방을 나가 간단한 요기 거리를 후다닥 챙겨온다. 식빵 하나를 입에 물고 이불 속으로 들어가 자리를 잡고 책을 편다. 흘린 빵 부스러기는 흩어져 있던 생각과 같이 나중에 쓸어 담으면 되니까.

어느새 어둑어둑하다. 이제 수채화 말고 선명한 그림을 감상해 볼까. 다시 반쯤 일어나 테이블 위의 만화책과 동화책을 가져온다. 귀하디귀하게 여기건만, 벌써 표지는 꼬질꼬질하다. 기분이 안 좋을 때 한 번씩, 기분이 좋을 때도 한 번씩. 너덜너덜하지만, 표지를 보기만 해도 기분이 좋다. 총천연색 장면들을 보니 흥분된 감정들이 소용돌이쳐 페이지도 빨리 넘어간다. 후루룩. 라면의 면치기 대신 종이 치기를 하며 그림 감상에 열중한다.

나의 아지트는 방구석 침대 속이다. 책을 쌓아 책의 키를 키우고, 포근한 침대에 누워 따끈한 신간을 골라 읽는다. 다음에 읽을 책들을 미리미리 골라 도서 구매 앱의 장바구니에 넣어둔다. 침대 안에서 보내는 나만의 시간은 우주를 여행하는 것만큼이나 방대하다. 포근한 이불을 거름 삼아 행복한 기억이 자라고 쌓인다.

해야만 하는, 책임감이 듬뿍 담긴 일에 빠져서 몸과 마음의 어깨가 굳으면 이곳에서 긴장을 푼다. 하고 싶은 것만 할 수 있는 이곳에서만큼은 잘 쉬고, 잘 즐기기만 하면 된다. 행복과 즐거움을 키우는 이곳은 나의 유토피아이다.

빨래하기 좋은 날

 날이 좋다. 구름 한 점 없이 날이 맑다. 바람이 장난치듯 얼굴을 스치고 지나간다. 이런 날은 빨래하기 딱 좋다. 그래. 이불 빨래를 하고 매콤한 떡볶이를 먹어야겠다.

 가벼운 이불 패드는 세탁기에 넣어 돌리고, 도톰한 이불 하나를 질질 끌고 나와 쿵 소리를 내며 욕조에 넣었다. 욕조에 가득 담긴 이불 위로 콸콸 쏟아지는 물을 보고 있자니 기분이 시원해졌다. 세탁 세제를 붓고 손으로 휘휘 저어 섞었다. 어느 정도 물이 찼다. 이제 내가 움직일 차례. 입고 있던 실내용 바지를 허벅지까지 여러 번 접어 올리고 욕조 안에 들어섰다. 미끈거리면서도 보드라운 이불을 밟기 시작했다. 찰박거리는 소리가 경쾌한 음악처럼 들리다가, 이내 신경질적인 마찰음이 되었다. 흰 이불 위로 뜬 회색의 구정물을 보고 나서였다. 그렇게 더러워 보이지는 않앉는데, 물이 이런 색이 되다니. 남은 때까지 모조리 빼겠다는 의지로 더 열심히 밟았다.

욕조에서 두 번의 헹굼을 끝내고, 세탁기에 넣고 버튼을 눌렀다. 우우웅. 세탁기가 잘 돌아가는지 확인하고 냉큼 샤워한 후 옷을 갈아입었다. 집 앞 떡볶이 가게에서 떡볶이를 사고, 슈퍼에 들러서 하드 스틱을 하나 사서 입에 물었다. 이 맛에 노동하는 거지. 집으로 돌아와 잠시 기다렸다가, 탈수가 끝난 이불을 빨래 건조대에 펼쳐 널었다. 새하얀 이불이 반짝였다. 이제 떡볶이를 먹어야겠다.

선풍기 앞에 앉아 떡볶이를 집어 먹으며 문득, 빨래의 얼룩처럼 마음의 얼룩도 눈에 보이면 얼마나 좋을까 생각했다. 눈에 보이지 않으니, 얼룩이 생겼는지조차 모르고, 씻어 내야 한다는 생각을 못 할지도 모른다. 보이지 않는 얼룩은 어떤 것이 있을까? 슬픔, 아픔, 좌절 등의 마음에 생채기가 생기는 감정이 아닐까?

슬픔이나 좌절 등의 감정을 겪고 난 후의 좋은 점은 그것을 구별하기 쉬워진다는 것이다. '지금 내가 마음이 슬프구나. 내가 괴롭구나.'하며 내 마음을 빨리 알아차리게 된다. 한 번이라도 겪고 나면, 같은 종류의 얼룩을 빨리 찾아내는 능력이 생긴다. 씻어내고 싶은 부분을 빠르게 찾아내면, 비벼 빨든, 밟아 빨든 씻어낼 시간만 마련하면 된다.

빨래하기 좋은 최적의 타이밍은 얼룩이 생겼을 때이다. 얼룩이 더 커지기 전에 주저 없이 씻어내야 한다. 열심히 씻었는데도 다 지워지지 않고 얼룩이 조금 남더라도 실망하지 않는다. 내 감정을 야무지게 사용한 흔적으로 남겨 두면 되니까. 새 옷을 입듯 새 삶을 가질 순 없지만, 빨래하듯 우리가 가진 때를 내 힘으로 잘 씻을 수 있을 거라는 용기를 내어 보는 것이다. 그렇게 우리 삶에 용기의 흔적을 남겨 가면 된다. 세탁기에 넣을 수도 없고, 손빨래처럼 다소 번거로울지도 모르지만, 때를 없애는 것보다 그 과정에 의미를 좀 더 부여해 본다.

깨끗이 세탁된 옷의 냄새를 맡으면 기분마저 깨끗해진다. 마음의 얼룩도 세탁 과정을 거치고 나면 상쾌해질 것이다. 어느 빨래하기 좋은 날, 가볍게 빨래를 하고 시원한 바람 아래 떡볶이를 먹는 날이 많아질 것이다.

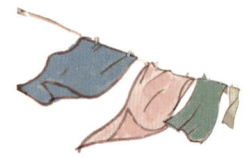

슬픔이나 좌절 등의 감정을
겪고 난 후의 좋은 점은
그것을 구별하기 쉬워진다는 것이다.
'지금 내가 마음이 슬프구나.
내가 괴롭구나.'하며
내 마음을 빨리 알아차리게 된다.

친구라는 거울

 수건으로 얼굴을 닦고 거울을 보았다. 얼굴이 좀 부은 것 같았다. 손바닥에 토너를 조금 부어 얼굴에 발랐다. 착! 착! 얼굴의 부기가 좀 빠지라고 때렸다. 이것저것 피부에 바르면서 거울을 다시 보았다. 부기를 빼고는 평소와 다를 것이 없어 보였다. 손에 물을 좀 묻혀서 머리카락 빗질을 하고 집을 나섰다.

 버스를 탔다. 버스의 맨 뒤 좌석으로 갔다. 내가 가장 좋아하는 자리다. 어르신들을 위해 자리에서 일어나지 않아도 되고, 높은 곳에서 풍경을 감상하기도 좋다. 앉은 자리에서 보이는 초가을 풍경이 스쳐 지나갔다. 정거장에 선 버스가 사람을 태웠다. 창밖으로 시선을 두고 있다가, 버스에 올라타고 있는 사람들에게로 시선을 옮겼다. 단발머리를 한 예쁜 여학생이 걸어 들어오는 게 보였다. 마침, 비어 있던 내 앞자리에 그 예쁜 학생이 앉았다. 샴푸 향이 살포시 풍겼다.

기분 좋게 웃고 있는데 학생의 뒷머리가 눈에 들어왔다. 어이쿠, 이런. 뒤 머리카락이 손바닥으로 동그랗게 비벼놓은 듯한 모양이었다. 절벽에 붙은 새 둥지의 모양새. 상큼했던 앞모습과는 달리, 자고 바로 일어나 신경 쓰지 못한 것이 선명히 보였다. 풋. 귀엽기도 하고 안타깝기도 했다. 누가 말이라도 해주면 좋으련만. 그녀가 만나는 그녀의 친구들이 말을 전해 줄 것이다. 아니, 아무도 관심이 없다면 그 상태로 하루를 다 보낼지도 모른다.

내 머리에 새집이 앉았다면, 다른 곳에서 부끄러워할 나를 위해 지체 없이 말 해줄 친구가 있다. 내 얼굴에 무언가 묻었다면, 그들은 나에게 '도시락으로 먹으려고 붙이고 다니냐?'라는 농담도 덧붙인다. 내가 예쁘게 꾸민 날은 예쁜 말로 화사하게 나를 비춘다. 내가 본 적 없는 내 뒤통수도 예쁘다며 칭찬한다.

숨기고 싶은 부분까지 비추다 보면 부끄럽게까지 느껴질 때가 있다. 하지만 머리에 앉은 새 둥지에 대해서는, 나를 모르는 사람보다 친구들 통해 듣는 것이 낫다. 예쁘고 추한 것과는 상관없이 나를 나대로 보아주는 거울이라면, 친구의 눈이 나에게로 향하는 것 자체로 감사한 일이기 때문이다.

내가 외모뿐 아니라 행동마저 못난 모습을 보이면, 등을 토닥거리면서 지긋이 그 모습을 비추어 준다. 그러면, 그들이 알려준 내 모습에 부끄러워 후다닥 정신을 차린다. 내 생각이나 사상, 그리고 고민도 함께 비추며 의견을 나눈다. 내가 그들과 함께 나누는 시간은 그들의 눈을 거울 삼아 나를 비추어 보는 시간이다. 나 혼자의 눈으로는 볼 수 없는 구석구석까지 그들의 눈을 통해 볼 수 있다. 친구는, 나를 비추는 거울이다.

5

시작 본능

Starting Instinct

시작 본능

눈 부신 햇살에
잠이 깨기 시작했다
눈을 뜨고
얼른 세수하기 시작했다
옷 입기를 시작하고
출근하기 시작했다
버스가 오기 시작했다
직장에서 일을 하기 시작했다
배가 고프기 시작했다
점심을 먹고 오후를 시작했다
퇴근 시간이 다가오기 시작했다
퇴근 후
옛 친구와의 만남으로 들뜨기 시작했다
오랜 이야기와 수다를 시작했다
끝낼 생각을 하니 서운하기 시작했다

다음 약속이 기다려지기 시작했다

시작만 했던 하루
또
내일의 시작을 위해 잠들기 시작했다

시작이라는 단어를 이리 많이 쓰는지 몰랐다. 우리는 '끝'이라는 단어를 일과 공부를 할 때, 그리고 빨래할 때를 제외하고는 쓰기를 두려워하는지도 모른다.

연말이 되어 시상식을 볼 때라야 한해가 끝을 달리고 있다는 걸 깨닫는다. TV의 여기저기에서 어서 한 해를 마무리하라고 종용한다. 또다시 끝이다. 끝을 위한 향연이 시작되었다. 하지만, 나에게는 기억도 잘 나지 않는 한 해다. 기억에 남을 정도로 열정을 쏟은 것이 있었던가? 생각이란 건 하지 않고 몸의 본능만으로 살아온 것은 아닌지 자책한다. 예전에는 한 해 동안 무엇을 했나 되돌아보기도 하고 계획을 세워 보기도 했다. 이제는 그저 다른 이의 이야기인 듯 아무런 감흥 없이 이불을 끌어당겨 몸을 데우는 것 말고는 여념이 없다. 그저 프라이드치킨이나 한 마리 시작하고 싶을 뿐이다.

누구나 마무리는 '잘'하고 싶다. 그러나 그 욕심은 시작만 있고 끝이 없다. 결국 일에 대한 마무리도, 욕심에 대한 마무리도 끝을 보지 못하고 새해의 '시작'에 묻어가고 만다. 완벽한 끝이란 결코 없음에도 완벽한 시작에 대응하는 끝을 보려고 자꾸만 자신을 부채질한다. 왜 그럴까? 시작은 항상 가볍고 부담이 없었는데, 끝은 그 말도 무거워 중저음의 망치질 소리처럼 무겁게 울린다. 가벼운 시작만큼 끝도 가볍게 마무리될 수만 있다면야 누구든 새로 시작하겠지만, 실패에 대한 두려움과 완벽하고 멋진 '끝'에 대한 부담이 시작마저 주저하게 만든다. 시험 전에 찜찜하게 마무리한 공부, 썩 좋지 않게 끝이 났던 연애, 사직서를 내고 회사를 나올 때의 허탈감. 그 쓸쓸함이 '끝'이라는 이름에 자꾸만 얼룩을 남긴다. 외국어, 운동 등과 같은 취미는 시작할 용기마저도 내어주지 않는다. 그럼에도 우리는 시작하지 않을 수 없다.

하루에도 수십 번씩 되풀이되는 시작이기에 실패했던 모든 끝을 다시금 시작해 본다. 시작에 대응하는 멋진 마무리는 그저 이상이라 할지라도 누구에게나 돌아오는 한 해의 마지막을 마무리하며, 만족스러운 끝을 연습해 본다. 그래. 한 해의 시작과 끝은 삶의 시작과 끝을 위한 연습인 것이다. 나름의 방법으로 시작하는 법도, 또 마무리하는 법도 계속해서 연습해 나가는 것이다.

TV 연말 시상식에서 보았던 배우 장미희는 감동에 찬 목소리로 "아름다운 밤이에요."라는 소감을 전했다. 이는 유행어처럼 번지면서 밤의 마무리나 한 해의 마무리 자리에서 자주 쓰이곤 했었다. 그토록 빛나고 영광스러운 마무리를 모두가 흉내 내고 싶었기 때문이리라. 눈부시게 아름다운 마침표는 아닐지라도 아름다운 한 해의 마무리를 위해 다시금 시작해 보는 거다. 처음에 가졌던 '설레고 겸손한 마음'이 끝을 향해 가는 동안 계속된다면 더할 나위 없겠지만, 그건 그저 욕심일 따름이다. '변함없이 처음처럼' 또한 불가능하니 계속해서 또다시 시작을 하고 있는 것이다. 그저 다시 처음이고자 하는 마음만은 변함이 없도록 또다시 리셋(RESET). '시작 본능'을 발동한다. 서툰 사랑과 같은 마음의 상처는 오히려 영광이니, 완벽한 끝보다는 현명한 끝을 위한 마음의 여유를 가져본다.

어쩌면 '끝'은 뫼비우스의 띠처럼 영원히 또 다른 '시작'을 위해서만 존재하는지도 모르겠다. 그러니 모두 어깨를 활짝 펴고 시작 본능을 발동해 보자. 본능의 힘을 받아 그 끝마저 아름답게 발현될 날이 틀림없이 올 테니.

행운 꼬시기

한 해가 끝나갈 무렵 송년회를 핑계로 아주 오래간만에 친구들이 모였다. 그중 한 친구는 자신에게 일어난 모든 일에 운이 없다며 괴로워했다. 자기는 항상 왜 이렇게 운이 좋지 않냐며 한탄에 한탄을 이어갔다. 사업, 가정, 건강 운까지 이렇게까지 운이 나쁠 수가 없다는 것이다. 친구는 도무지 이해할 수가 없다며, 쓰디쓴 곡차를 연거푸 들이켰다. 마음이 아팠다. 먼지 같은 내 한탄을 침으로 삼키며 위로의 곡차를 함께 들이켰다.

집으로 돌아와 가만히 친구를 생각했다. 문득 TV 드라마 〈미생〉의 주인공인 '장그래'의 말이 생각났다. "내가 무엇을 놓친 것일까?" 그는 자신에게 일어났던 좋지 않은 일의 결과를 보며 자신이 무엇을 놓쳐서 일이 이렇게 되었는지를 되짚어 보았다. 남의 탓도, 운의 탓도 아니라 자신이 지나쳐버린 행동을 돌아보는 것으로 대신했다.

우리는 크고 작은 실수를 하면서 산다. 그저 실수라며 치부하고 넘어가기도 하고, 그 실수를 반복하지 않기 위해 되짚어 보기도 한다. 그렇지 않으면, 다시금 같은 실수를 하기 마련이다. 반복된 실수는 종내에는 힘든 결과를 안고 올 수도 있다. 그저 내 인생이 왜 이러냐며 탓할 수만은 없는 것이다.

수업 중에 학생들이 문제를 풀 때도 마찬가지다. 아는 문제는 자꾸 풀어서 쉬운 문제가 더 쉬워지고, 잘 모르는 문제는 귀찮고 어려우니 더 손을 대지 않는다. 결국 잘하는 것만 더 잘해지고 어려운 문제는 해결되지 않을 때가 많다. 실력이라는 건물을 올리기 위해 부족한 점을 채우고 다듬어야 다음 층을 올릴 수 있는데도 불구하고, 귀찮고 번거로우니 자꾸 내버려둔다. 손대기 쉬운 부분만 찾아 다듬게 되면, 당연히 실력이라는 층은 쌓아 올릴 수 없다. 아이러니하게도 학생들은 이쯤 되면 이런 한탄을 한다. "진짜 열심히 하는데 잘 안되는 것 같아서 속상해요."라고.

하고 싶은 부분보다 해야 할 부분을 직시하고, 고쳐야 할 부분을 수정한 후에 다음 진도를 나가는 것이 실력 향상에도 도움이 된다. 실력만큼이나 운도 마찬가지라고 생각한다. 자신이 간과하는 실수를 되짚어 보고 또 자신의 실수에 대해 인정하고 고치려 노력하다 보면 행운이라는 것도 나에게 살살 넘어오지 않을까? 좀 더 내게 다가오도록 꼬셔지지 않을까?

행운幸運의 '운運'자는 '옮기다, 움직이다'의 뜻을 가진 한자이다. 자신의 행동과 마음에 따라 행운이 움직인다는 것이다. "나는 해도 안 돼.", "난 항상 운이 없어."라는 말을 내뱉기에 앞서 자신이 그 운을 옮겨오기 위해 몸과 마음을 얼마나 끊임없이 움직였는가를 생각해 보면 함부로 내뱉어질 말은 아니리라. 눈물겨운 수많은 노력에도 좋은 결과가 따라주지 않는 경우라도, 그 노력으로 인해 다른 운이 따를 터이니 그때까지 기다려주는 것도 좋지 않을까. 감히 생각해 본다.

미래 사냥

지인 J는 그녀의 나이만큼이나 삶을 지혜롭게 끌어나가는 힘이 있다. 특히 문제가 생겼을 때, 그 문제의 실타래가 어떻게 꼬여있든 간에 상대방과의 대화를 통해 함께 고민하며 풀어나간다. 그녀는 안주하지 않는다. 매번 새로운 아이디어를 생각해 내어 변화를 시도한다. 그것이 물건이든 생각이든, 생각의 움직임으로 주변의 변화를 끌어낸다. 여러 해 만나다 보니 어느새 그녀는 내가 닮고 싶은 사람이 되어 있었다.

"모든 건물의 골격은 아름다워요. 하지만, 그 골격에 어떤 자재가 어떤 스타일로 덧대어 지어지는가에 따라서 건물의 아름다움이 확연히 달라져요."

그녀의 말이다. 사람이 가진 기본 성품이나 환경이 삶을 풀어나가는 방식에 따라 달라진다고 그녀는 생각한다.

저 사람과 같은 생각을 가지고 싶다. 저 사람이 내 미래가 되면 좋겠다. 그런 생각을 하면서 살다 보니 어느새 그녀를 만났던 그때의 그녀와 같은 나이가 되어가고 있다. 잠시 나를 돌아보니, 지혜와 변화를 찾아가는 그녀의 삶의 방식을 따라가려고 노력하는 내 모습을 발견하게 되었다. 내가 의도한 방향으로 조금씩 발걸음을 옮겨가고 있다는 생각이 드니 성취감에 정신적인 배가 불렀다.

한때 지도를 만든 적이 있다. 내가 살고 싶은 집, 읽고 싶은 책, 가지고 싶은 것 등의 사진이나 그림을 잡지 등에서 오려서 커다란 스케치북에 여기저기 붙였다. 5년 후나 10년 후쯤으로 시기를 잡아서 그 시간을 따라가며 꿈을 이룰 수 있도록 만든 '미래 지도'였다. 그 지도는 작은 상자에 소중히 담겨있다.

상자에는 다른 것도 있다. 어느 누구의 재치 있는 행동에 감탄한 날은 나만의 재치를, 또 누군가의 유머에 하루 종일 미소가 그려진 날은 유머를 보여주는 나의 미래 모습을 담았다. 재치, 유머, 여유뿐 아니라, 공감과 교감을 하는 나의 모습도 있다. 내 미래를 위한 사냥 타겟으로 정해 목록

이 된 것들이다.

타겟 하나 하나를 내 것으로 만드는 데 집중하며 살고 있다. 좋아한다고 해서 단순히 똑같은 모습이나 스타일을 베끼는 것이 아니라, 천천히 시간을 들여가면서 나만의 특성으로 소화하는 것이다. 마치 사냥해 온 고기를 꼭꼭 씹어 내 것으로 소화하는 것처럼.

순간순간 마음을 흔드는 멋진 생각들은 꼭 간직하고 싶다. 그것이 누구의 말이든 행동이든, 또는 글이든 앞으로 내가 이룰 목표로 삼고 싶다. 내 마음의 허기를 채워 줄 수 있도록 그것을 '미래 사냥'의 타겟으로 정한다. 스쳐 지나가지 못하게 사냥해서 내 것으로 만드는 것이다. 쉽게 채워질 허기짐도 아니고 시간도 오래 걸리겠지만, 채워졌을 때의 만족감을 생각하면 오늘도 사냥꾼이 될 수밖에 없다.

푸른 보석 상자

꿈을 꾸었다. 태양을 마주하고 누워 있는 나는 바다의 물살이다. 찰랑이는 물결을 만들며 훌라 춤을 추다가 바람이 불자, 돌연 물고기가 되었다. 첨벙! 물 밖으로 한 번 크게 뛰어오른 뒤, 바닷속을 속도감 있게 가로지른다. 물 만난 고기는 비행하듯 자유롭게 물속을 유영한다. 단번에 깊은 곳에도 내려갔다가 회오리를 만들며 올라온다. 장난스레 입속에서 뽀글뽀글 거품을 뿜어대며 물 밖으로 주둥이를 내민다. 깜빡. 눈을 감았다 뜬 느낌이었는데 어느새 작은 배가 되어 뜨거운 태양 아래 바람을 누비고 있다. 작은 배는 물살에 이리저리 흔들리다가도 곧잘 나아간다. 바람이 이끌어준 곳으로 유연하게 뱃머리가 움직인다. 속도가 점점 느려지더니 옹기종기 정박해 있는 다른 배들 옆으로 슬며시 자리 잡는다. 정박지를 둘러보다 따스한 노을에 시선이 붙잡힌다. 뜻 모를 감동에 젖어 정신을 빼앗긴다. 한

적한 물결 소리에 끼룩대는 갈매기 소리가 더해져 여정의 마침표를 찍는다.

꿈속에서 너무 뛰어놀았던지 눈을 떴을 땐 몸이 무거웠다. 이불이 더없이 포근하게 느껴졌다. 점점 정신이 드니, 토독토독 아침 인사를 건네는 빗소리가 들렸다. 부스스한 머리를 긁으며 미소를 지었다. 비 오는 청사포도 예쁘겠지. 무거운 몸이 갑자기 활기를 띠며 꿈속의 물고기처럼 이불 속에서 튀어나왔다.

차에서 내리니 촉촉한 빗방울이 '왜 이제 왔어?' 하며 애교 부리듯 몸을 비벼댔다. 미소를 지으며 해무에 둘러싸인 바다를 보았다. 바다는 해무로 만든 장삼을 어깨에 두르고, 부드러운 선율로 승무를 추는 여인처럼 춤을 춘다. 어깨 위로 떨어지는 빗방울과 함께 넋을 잃고 바다의 유려한 춤을 감상했다.

카페 1층에서 따뜻한 아메리카노를 주문하고 2층으로 올라갔다. 비가 온 탓인지 손님이 없어 전 층이 온전히 내 차지가 되었다. 창에는 조그만 방파제가 개구쟁이 작은 배들과 어우러진 살가운 풍경이 걸려있다. 누군가와 함께 와서 커피와 이야기를 나누는 게 일상이었지만, 오늘은 과거의 나를 불러와 이야기를 나누어 본다.

한 달에 한 번, 아빠의 혈압약을 타러 병원에 가는 날은 꼭 이곳에 들렀다. 특별한 것은 없었다. 창밖을 바라보며 아무 말 없이 앉아 있는 느긋한 정적이 좋았다. 확인 도장 받고 가는 어린아이처럼, 오늘도 함께 왔노라고 눈도장을 찍곤 했다. 아빠가 하늘에 계신 지금, 추억이 햇살보다 더 반짝인다.

커피를 몇 모금씩 홀짝이며 엄마와 새벽 일출을 구경하던 나를 불러온다. 엄마도 나도, 난생처음으로 해보는 새해 일출 구경이었다. 세수도 하지 않고 눈도 다 뜨지 못한 채 새해가 주는 환희에 정신을 차리지 못했다. 또 다른 커피를 홀짝일 때마다 자매들과 수다 떨던 나와, 친구들과 웃음 짓던 나를 불러온다. 눈부시게 화려한 추억은 아니지만 각기 달랐던 창밖의 풍경과 은은한 커피 향, 그리고 행복했던 내 미소가 손을 맞잡고 둥근 모양을 이룬다. 은은하게 빛나는 보석같이 알알이 추억이 들어찬다. 마치, 진주목걸이처럼.

추억이라는 것은 삶에 꼭 필요한 건 아니다. 그렇지만, 보석 상자에 넣어두고 간간이 꺼내보며 행복해 할 수 있는 보석이다. 힘들고 지칠 때도 꺼내어 손에 쥐어보며 기운 낼 수 있는. 심장처럼 없으면 죽게 되는 필수품이 아닌데도, 그저 계속 가지고 있고 싶어 버릴 수 없는 것들. 유리구슬, 귀걸이, 초콜릿, 예쁜 돌멩이 같은 필요가 아니라 마음이 움직여 기어이 선택하고야 마는 그런 것들. 그리하여 끝없이 곱씹고 싶은 사랑하는 것들. 이곳 '청사포'는 나에게 그 아름다운 기억을 모아둔 보석 상자 같은 곳이다.

쌓아 놓은 추억을 곱씹다 보니 어느새 커피잔이 비어 있다. 구경하느라 꺼내놓았던 가지각색의 추억을 다시 보석 상자에 넣고 카페에서 나왔다. 이른 아침이라 기온은 낮았지만, 커피가 몸을 데우고 풍경이 마음을 데운 덕에 공기가 상쾌하게 느껴진다. 남은 오늘 하루의 온도마저 알차게 달구기 위해 카페를 등지고 발걸음을 뗀다.

필요가 아니라 마음이 움직여
기어이 선택하고야 마는 그런 것들.
그리하여 끝없이 곱씹고 싶은
사랑하는 것들.

나무 되기 연습

소녀는 메말랐지만 스산하지 않은 초겨울 산길을 한 걸음씩 걸어간다. 바스락거리는 나뭇가지와 나뭇잎들이 상쾌한 호흡을 같이한다. 얼마나 지났을까, 바닥에 어질러진 회색빛 나뭇가지들 사이에 눈을 감고 누워있는 한 소년을 발견한다. 소녀는 걸음을 멈추고 묻는다. "여기서 무얼 하는 거야?" 소년은 당황했지만 귀찮은 듯 말한다. "나무가 되는 연습을 하는 중이야." 소년의 시선이 하늘을 향하고, 잎이 없는 풍성한 나뭇가지들 사이에서 해가 반짝이는 것을 본다. 그 빛은 쓸쓸하면서도 따뜻하다. 소녀도 소년 옆에 나란히 누워 나무가 되어보려 한다. 소년과 소녀의 숨소리만 나직이 들린다.

중학교 1학년 때인가, 어느 단편 만화에서 보았던 장면이다. 정확한 이야기는 기억나지 않는다. 한창 사춘기로 답답함을 토로하던 시절, 이 만화를 본 후로 숨통이 트이는 것 같았다. 그때부터 숨을 쉬고 싶을 때, 위로받고 싶을 때는 학교 뒤에 있는 산에 산책하러 가곤 했다.

처음 나무가 되는 연습을 했을 때의 기억이 아직도 생생하다. 교복이 더러워지는 줄도 모르고 부러진 가지와 나뭇잎들 위에 누웠다. 교복 재킷을 돌돌 말아서 베개로 삼았다. 처음에는 바닥이 불편하다가 이내 편안해졌다. 눈을 들어 올렸다. 높은 나뭇가지들이 적당히 해를 가려주고 있었다. 그 사이사이의 빛에 눈 부셔 다시 눈을 감았다. 어디선가 살랑거리는 바람이 얼굴에 닿았다. 감은 두 눈 위로 잎사귀들의 그림자가 어른거리며 인사하는 것 같아 입꼬리가 올라갔다.

깜빡 잠이 들었다. '둥~'하는 소리에 정신이 들었다. 어디선가 들리는 종소리였다. 아, 그렇지. 이 근처에 절이 하나 있다고 했다. 종소리에 완전히 잠에서 깨었다. 종소리를 가져다준 청각은 숲속의 온갖 소리를 몰고 오기 시작했다. 잎사귀가 바람에 흔들리는 소리. 바람이 새처럼 나무들 사이를 가로지르는 소리. 풀벌레의 대화 소리. 새소리. 점차 다른 감각도 열렸다. 등에서 흙의 온기가 느껴졌다. 또 흙냄새와 습기를 머금은 푸른 풀의 냄새가 어우러져, 내가 그사이 자라난 또 다른 풀이 된 듯했다. 이 정도면 나무가 되는 거 그리 나쁘지 않겠다고 생각했다.

멀리서 들리는 사람들의 발소리에 눈을 번쩍 떴다. 천천히 일어나 앉았다. 검은 교복에 나뭇잎과 흙먼지가 덕지덕지 붙어 있었다. 탈탈 털고 일어났다. 엄마의 폭풍 잔소리가 귓가에 쟁쟁하게 들리는 듯했다. 아. 오늘도 혼나겠구나. 초보 나무에서 말썽꾸러기 인간으로 급히 변신하며 집으로 발걸음을 옮겼다.

내려오는 동안 종소리가 들렸던 절을 지나쳤다. 잠시 멈추고 고개를 깊이 숙였다. "깨워 주셔서 감사합니다." 큰소리로 감사 인사를 드리고 나니 절을 둘러싼 나무가 보였다. 바람에 살짝 흔들리는 나무를 보고야 알았다. 나를 깨워주라고 나무들이 알려주었구나. "고마워." 두 손을 붕붕 흔들며 나무에게 인사했다.

그 후로 몇 번을 더 나무가 되어보려 시도 했지만, 햇살을 보며 바람만 느낄 뿐, 나무가 되는 연습은 하지 못했다. 잔소리가 무서웠을까. 불량 청소년이라는 오해를 받기 싫어서였을까. 이제는 답답할 때마다 산을 보며 산 바닥에 누워 있는 상상만 하게 되었다. 그래도, 숨통은 좀 트였다.

초보 나무가 되는 첫 연습을 하던 그때가 어쩌면 가장 순수했는지도 모른다. 그것이 아직도 마음 한구석에 자리 잡고 있어, 가끔은 나무이고 싶다. 숲이 되고 싶다. 숲속 나무 사이에 자리 잡고 있던 그 절도, 나처럼 나무가 되고 싶은 마음이었던 것은 아니었을까. 나무처럼 자연의 일부로 살고 싶은 마음이 아니었을까. 그런 마음이 부처가 되는 연습 중 하나의 방법은 아닐까.

산 입구를 들어서며 숨을 크게 들이쉰다. 상쾌하다. 주고, 주고 또 주는 아낌없이 주는 나무. 그 나무들이 사는 숲. 그곳은 안식처가 있다. 동물들이, 곤충들이 사람보다도 더 빨리 알고서 집을 지어 살고 있다. 시골의 할머니 댁처럼 포근하게 감싸주며 언제 가더라도 아무런 말 없이 있는 그대로의 나를 받아주어 좋다. 가만히 서서 숨을 크게 들이마시며 다짐한다. 적어도 올해의 목표는, 나무가 되는 연습을 하는 두 번째 걸음으로 모종을 몇 개 심어야겠다고.

Tanghwa And Soongnyoong

탱화와 숭늉

Tanghwa and Soongnyoong

As soon as I opened the car door, the cicadas welcomed me with fervent greetings. I hurried my steps. Standing before the entrance gate, I clasped my sweaty palms together. Passing a small, serene pond, I was caught by the lotus gracefully floating on the water. Turning around, I was met with the sight of the temple. I pressed my restless feet down, carefully removing my shoes, and stepped inside the temple. The moment my feet touched the floor, a cool breeze gently caressed my cheeks. Following the whisper of the wind, I caught a glimpse of the Buddha's quite smile. The dazzling golden light filling the temple momentarily blinded me, causing me to close my eyes. When I opened them again, I finally saw my dad behind the Buddha. Colorful paintings adorned the large walls, dancing in vibrant hues, while the lanterns hanging from the ceiling invited me with their brilliant colors. A sudden wave of longing burst forth, silently flowing down my cheeks.

I gently grasp the ends of a sheet of traditional paper with my small hands and lift it high above my head. Standing next to my dad as he works, I hand him the sheets of paper one by one according to his instructions. After I pass him a sheet, he glued the sheets to a large piece of cotton fabric, and I quickly bring him another sheet. Several layers of paper whose heights are taller than my own are adhered together, filling the spacious white canvas on the floor of our living room. The paper becomes thicker and stronger.

After joining six or seven layers, He adds wooden supports. He creates four corners and attaches the wooden supports to the ends of the rectangular canvas made of rice paper, wrapping the edges around the supports. He pulls with all his strength to smooth out the wrinkles. A wrinkle-free canvas, the size of our living room, is formed. Looking out the window, I notice it has grown dark.

Scritch scratch. At the sound of a 4B pencil being sharpened, I pick one up to follow my dad. My dad and I sit at the edge of a large canvas, sharpening pencils. Dad's pencil has a long, thick black lead, while mine has already broken twice. Before long, it's just a stub. Dad glances at my pencil and chuckles before starting to sketch on the canvas. In the stillness, only the soft scratching sounds fill the air. In the places where the pencil passes, I see both gentle smiles and fearsome faces. "Dad, what are these scary faces?" "Oh, those? They're the Buddha's bodyguards, sometimes called Sinjang(神將), the Guardian Deities." Scritch, scratch. The pencil shakes its dark head, filling the large canvas.

After a while of working hunched over, Dad coughs dryly. I quickly dash over and bring him a large bowl of '*soongnyoong*', a scorched rice soup. Quenching his thirst with the soup has been a long-standing habit of my dad's. In the morning, after cooking rice in the pressure cooker, he boils a generous amount of scorched rice to make the soup. He lets it simmer for a long time until the bubbling water and running grains can be heard. Today, dad enjoys the hearty scorched rice soup to refresh himself.

On a Sunday morning, I woke up from a late sleep and opened the door, only to be met with a sharp, pungent smell hitting my nose. I wrinkled my face in disgust. Dad, stirring half-melted glue in a metal pot with a wooden chopstick, caught sight of my expression and let out a hearty laugh, looking somewhat apologetic. The hard, ugly-looking glue, resembled a 30-centimeter plastic ruler, melted shapelessly in the hot pot. The translucent color, which resembled thin snot, quickly became transparent. When Dad mixed in the prepared pigments, it turned into a thick paint.

"Dad, if you were going to paint everything black, why did you draw the picture?" I asked. Dad, who had turned the canvas into pure darkness, simply smiled without answering. He took out the mixing bowl and thin gold leaf, adding the gold leaf to the bowl. A delicate brush, cradling the luxurious gold, danced across the canvas. With the same movements the pencil had made days earlier, it re-created the compassionate smiles and glowing faces of the Guardian Deities. The facial expressions came alive with the added colors. The golden lines shining in the darkness were simple yet striking, unlike the colorful [1] *Tanghwa* I had seen before. This long-lasting and delicate work would continue for days, sometimes stretching into months.

"Have you ever thought that spending so much time on your work is a struggle?" I asked. "Well, spending time means putting your heart into it. In the work of creating in the making of *Tanghwa*, there is gratitude and a sense of prayer involved, at the same time when I immerse myself in something, my complicated and bothersome thoughts get organized. If something can be quickly organized and forgotten, it probably wasn't that important to begin with. When those minor disturbances fade away, only the true intention I desire remains,

---

[1] a form of Buddhist painting

driving me forward. I wonder if this practice of putting my heart into my work is a form of training to become like the Buddha."

Nine years ago, my American friend Nicky was making a documentary, and I took on the role of translator, both as an interviewer and writing subtitles for it.

"Why did you ever want your children to follow in your profession?" I asked. "Well, I wouldn't have stopped them if any of them had strongly wanted to, but I didn't wish for it. It's a lonely profession. The time spent enduring alone in search of enlightenment can be quite long."

It's a profession where one can only ask and answer questions to oneself countless times in solitude. As I looked at Dad, who lived in that realm of loneliness, I fell into a long silence.

"It seems like Dad has fulfilled his wish. He wanted to live honorably and then depart, after all. He's now listening to the prayers of the people alongside the Buddha," said my older sister as we walked down the path outside the temple. Hearing her words, I thought of the golden haze inside the temple. The warmth that enveloped the earnest prayers of the people felt like a comforting embrace, making my heart swell. "You're right. Dad is doing truly good work." My oldest said. We walked down slowly, with smiles on our tear-stained faces.

Dad's memorial day was coming. it is Dad's memorial day. I cook soongnyoong. The sound of rice sizzling makes my mouth water. As the cries of the burnt rice quietes, I pour in water and let it boil vigorously until the sound of the boiling rice echoes like clattering hooves. After letting the soup cool a bit, I pour it into a large bowl. That moment, waiting for the scorched rice soup to cool and then savoring it, allows me to relish the memories of my dad through its aroma and taste. Taking another sip of the soup, I savor the memories slowly, just as I do the remaining soup. The grains of rice swirls around in my mouth before settling on my tongue.

Tear Cylinder

When I was young, I cried easily. I cried when I fell down, when my siblings ate all my snacks, and when my cherished paper airplane was crumpled and couldn't fly anymore. For my younger self, tears weren't precious but abundant and easily shed. I never even considered holding them back. I expressed them lavishly. As time passed, I began to feel ashamed of displaying all my emotions. I learned to brush off small scratches on my hands and stopped whining unless I was seriously hurt.

Not only were physical wounds similar to the small scratches on my hand, but emotional scars were as well.: They weren't deep wounds, but words that created shallow scratches on my heart. There used to be words that created shallow scratches on my heart; The more I thought about them, the more pathetic I felt, wanting to simply brush them. Thoughts that made me feel pathetic as I dwelled on and want to simply brush them off; I felt uneasy when things didn't go as I planned. Uneasiness that I felt when things did not go as I planned; Even though I had no intention of hurting anyone, I worried that my words might have caused pain. Worries that I had that my words might had caused pain even though I had no intention of hurting anyone. I now toss those timid feelings into the trash of indifference. Yet, the traces of my worries. Yet the traces of them remains, turning into tears that slowly filled the cylinder of my heart turing into invisible tears and filling the "tear cylinder" of my heart.

But then, there come moments during a sad drama or a conversation of deep connection when my tear cylinder, which has been filling up, suddenly empty. in those moments it feels like the relief of finally using the restroom after suffering from constipation. "Oh, why am I suddenly like this? I can't stop crying," I would think. It felt like a line from a movie. Just as food goes through ingestion and expulsion, emotions, too, needs to be released. Once my tear cylinder is empted, my heart feels lighter. Constipation, both in the body and of emotions, seemed to fade.

The cylinder will continuously fill up again, but at least I'm not suffering from the inability to empty it. Even if I can't indulge in emotions nor hide them, now I can hope for having a good cycle of my emotion at least.

Time In Running

"Time" eagerly wanted to grow up. Her longed for the recognition and freedom that come with adulthood. So, Time ran with all his might. He ran and ran, feeling his heart race to the point of it bursting. Yet, he believed he was doing well as he felt his heart pounding strongly. However, in his haste, he overlooked the beauty around him. The heartfelt words of close supporters passed him by unnoticed.

As he kept running, his legs trembled, and sweat kept running down. In a moment of pause to wipe away the sweat, Time felt confused. Surrounded by the changed environment scenery, he felt anxiety creep in. Where am I? Is this the place I had been aiming to reach? Did I run so hard to get here? The adulthood he had entered wasn't as grand or free as he had expected. However, unable to stop, he urged himself forward again. This time, instead of running blindly, he took the time to look around and determine his direction before setting off again. The passion that had fueled his earlier rush, along with the muscles he had built while running, eased the weight of his journey. Time found a little room to appreciate his surroundings. The beauty around him and the warm encouragement from others suddenly felt missed, having been hurried past.

After running a bit longer, Time began to tire, his pace slowing to a walk. Spotting a bench, he decided to sit and rest. How did I end up here? Time pondered quietly, then slowly looked up. The sun was setting in a stunning display. The warm colors of the sunset cradled the sun tenderly. A sudden wave of emotion rose in his heart and hot tears welled up. He felt as though all the difficult moments were being comforted. Ah, I ran so hard to see and feel this moment. Becoming an adult means experiencing moments of breathtaking beauty, Time thought. The sweat glistening in the setting sun sparkled alongside a faint smile. Yes, with the sun beautifully setting and a heart still beating strongly, it was enough.

A few years ago, my older sister, who had reached middle age after running and running, said, "Growing older feels wonderful. I think I'm beginning to understand what leisurely joy is." At that time, I didn't fully grasp her words, but strangely, they stayed with me. They lingered in my mind until they became a catalyst for viewing life from a different perspective.

What does it mean to get older? Perhaps it's about freedom of mind—freedom that allows one to appreciate that everything, in its own right, is perfectly beautiful. This freedom recognizes, through experience, that the mundane moments, along with the sorrows and struggles within them, are all part of life's beauty. Perfect beauty lies in having the eyes to see that beauty. Therefore, those who feel this freedom appear beautifully vibrant. Gradually, I find myself grateful for the process of growing older.

Sadness Vaccine

I don't watch TV often, but I had to see *Hospital Playlist*. Since my sisters had already watched it, there was a sort of reluctant encouragement to discuss it more freely among us. I had long wanted to see it because I liked the actors, but I kept postponing it, knowing that this medical human drama would undoubtedly bring out my painful emotions. While I expected an eventful happy ending, much like in Pandora's box, I also anticipated the journey to find that hope would be difficult.

I could no longer postpone it. Determined to watch Season 1 for a modest price of 1,500 won per episode, I pressed the remote. From the very first episode, I bit my lip and wept, wiping my face with tissues repeatedly.

The memories of my dad's cancer diagnosis, my sister's multiple eye surgeries, and my newborn niece's heart surgery flooded back; the time spent in the hospital as a caregiver and family member was certainly lengthy.

I could not help but empathize completely with this realistic and heart-wrenching story. My chest ached, so I patted it gently. It wasn't just sad scenes, though. After shedding tears, I rejoiced at the hopeful news and funny moments - bursting into laughter and clapping my hands in delight. If someone had been watching me, they might have asked seriously if I was okay. I found myself nodding vigorously along with the story that tugged at my emotions, unknowingly joining the ranks of devoted fans.

While watching the drama, a thought suddenly crossed my mind. "Ah, thank goodness!"consoling my sorrowful heart. Regardless of the past, the fact that my entire family is healthy and not suffering from any serious pain that could steal our smiles brought me comfort. I also felt relief knowing that if anyone were to fall seriously ill, I have loving family and friends who would endure and overcome such challenges together, just like before.

As the sadness in the story deepened, my sense of relief grew as well. Ah, is this why people pay to experience sadness? I remembered a short story titled "The objecthood of Emotions" from Kim Cho-yeop's book, *If We Can't Go at the Speed of Light*. I had even considered the idea of purchasing emotions like sadness and anger. Who would buy feelings of sadness and gloom for money? Yet in Kim Cho-yeop's story, emotions are infused into objects allowing them to be experienced and touched directly and by injecting emotional-triggering chemical components, one can experience those emotions instantly.

One can buy things injected with emotion-triggering chemical components and his/her touching of or close acess to them let her/him to experience those emotions. Although it was a short story, it highlighted that we cannot only have feelings of joy. we naturally pay for the opposite emotions as well, including those that are painful yet filled with memories or helpful yet tinged with frustration.

> It is strange to think that consumption is always an act of paying for the value of happiness. In some cases, we pay to enjoy emotions. For instance, has any movie ever given you only joy? Fear, loneliness, sadness, solitude, anguish… we are also willing to pay for those feelings. So, isn't this something we do in our daily lives?
>
> ― Kim Cho-yeop,
> from "The Physical Properties of Emotions"

The sadness that I purchase with money enters my heart like a vaccine, gradually building immunity against sorrow through my eyes and ears. sharp shots of these sadness vaccines awakened sustain a healthy mind that learns to find long-lasting happiness.

The short story follows a structure consisting of: introduction, development, climax, and HAPPINESS. All the stories and conversations in our lives are driven by the search for happiness. Ultimately, we pay to taste sadness and frustration in films or dramas, preparing ourselves for our own happy futures.

With the sadness vaccines such as *Hospital Playlist*, and in Cho-yeop's short story that provide stronger immunity against sadness than the mere enjoyment of uplifting dramas or films, I find the courage to hold onto hope even in desperate situations.

With the sadness vaccines,
I find the courage
to hold onto hope
even in desperate situations.

Severance Eye Hospital Seminar

The train to Seoul departed smoothly. My three sisters and I were seated in a family compartment and cleaned their hands as if starting a religious ceremony. Rustling sounds filled the air. My sisters insisted that they are not hungry just a minute before, but the sandwiches on the central table and the kimbap were disappearing quickly. "The kimbap is delicious," one remarked, while another commented, "The sandwich is expensive these days," as they naturally pulled out snacks and fruit for dessert. Amidst this, the youngest, who was suffering from gastroenteritis, asked for her share of snacks to be packed separately for later. The sound of their gentle laughter filled the train. The destination of the train was Seoul, and our destination was the "Severance Eye

Hospital."

My older sister has had poor eyesight since childhood. Right after graduating from university, she underwent LASIK surgery. As a side effect, she had to use eye drops to control intraocular pressure for over ten years. When she became pregnant, she stopped taking the medication and glaucoma developed. At the time of her diagnosis, doctors also discovered a heart abnormality in her unborn child. Due to the rapid progression of glaucoma, she underwent surgery on one of her eye without anesthesia due to her pregnancy. After four or five surgeries, there seemed to be a glimmer of hope, but she ultimately underwent more than twenty surgeries.

A few years ago, she had a corneal transplant due to a significant loss of visual cells in her left eye, but hope turned dark gray. In an effort to slow down the progression of the glaucoma, she has since then been taking several medications daily, following a meticulous schedule. The world my sister sees is like an old film projected between imposed blackout curtains. Now, even the remaining light is gradually fading. For over thirteen years, I have been a small source of support, unable to share her pain, accompanying her to the hospital.

Time has passed as quickly as the train. The reason for today's visit was to see if we could bring back a tiny seed of hope. Although we had been caught in a cycle of hope and despair, there was a small expectation that this time might lean more towards hope. The primary purpose was the hospital appointment, but it was also the birthday celebration of my older sister.

The hospital was slightly different from eight years ago. It had become a practical yet elegant facility designed to efficiently accommodate patients. Looking at the chandelier hanging in the room, I thought about how nice it would be if my sister's eyes could shine like that. We registered the medical data CD we had received from our local hospital and waited for our appointment. At university hospitals, the waiting time was usually around three hours, so a bit of boredom and anxiety was inevitable. We all sat close together in the waiting area, passing the time with light chatter. I sat next to my older sister, writing down questions to ask the doctor, knowing that patients often forget their questions due to nerves.

"At present, there is nothing we can do for you. We can only change a few medications and monitor the progress. Let's see how it goes next month," the doctor said. Our tiny hope quickly faded at that moment. We left the consultation room, hiding our disappointment from one another.

"I came hoping for another chance, but at the same time, I also way ready to accept the reality if there were no other option left. I guess my mind is rather at ease." my older sister said. We fell silent for a moment. "It's best to think in a way that brings comfort. Good for you," my oldest sister said, holding my older sister's hand. "If only I could see, I could have tried out for 'Miss Korea'. I'd better give up now." my older sister joked, and we all laughed as we left the hospital.

The anxiety and nervousness that once marked my sister

are no longer visible. She now appears peaceful. However, that does not mean she does not need comfort. This peace is not merely simple tranquility. For someone who has been ill for a long time, appearing strong and calm demands desperate effort. Even when trampled by a reality they do not wish to accept, they endure the desire to give up. Enduring and being in pain are two different things. Those who endure also feel pain. They simply carry it and continue living.

After having a late lunch and some coffee, we boarded the train back to Busan while laughing and chatting. Inside the train, jokes flowed, and we laughed so hard that tears rolled down our faces. Perhaps it was the comfort that comes with experience. Even though the fragile hope, that had briefly emerged, bowed its head again, our spirits did not falter easily. Instead, a new hope was born. Together, we could navigate even the roughest paths with lighter hearts. Our laughter became a handkerchief, wiping away the tears from our hearts, serving as encouragement for one another. As we got off the train, we named today's journey the "Severance Eye

Hospital Seminar", giggling as we shared eye drops as a souvenir. Gentle breeze touched our hair caressing our hearts.

낱말들 사이에서
쉴 곳을 찾다

초판1쇄 발행 2024년 12월 20일

지은이 김선영
펴낸이 이길안
펴낸곳 세종출판사

주소 부산광역시 중구 흑교로 71번길 12 (보수동2가)
전화 051-463-5898, 253-2213~5
팩스 051-248-4880
전자우편 sjpl5898@daum.net
출판등록 제02-01-96

ISBN 979-11-5979-740-8   03810

정가 15,000원

본 도서는 2024년 부산광역시, 부산문화재단 〈부산문화예술지원사업〉으로
지원을 받았습니다.

이 책은 저작권법에 따라 보호받는 저작물이므로 무단전재와 무단복제를 금지하며,
이 책 내용의 전부 또는 일부 내용을 재사용하려면 사전에 저작권자와 세종출판사의
동의를 받아야 합니다.

· 잘못된 책은 교환해 드립니다.